崖边报告

乡土中国的裂变记录

阎海军○著

CHINA
IN
YABIAN

北京大学出版社

PEKING UNIVERSITY PRESS

图书在版编目 (CIP) 数据

崖边报告：乡土中国的裂变记录/阎海军 著.—北京：北京大学出版社,2015.8
（沙发图书馆）
ISBN 978-7-301-26047-0

Ⅰ.①崖… Ⅱ.①阎… Ⅲ.①乡村－社会生活－研究－中国 Ⅳ.① D422.7

中国版本图书馆 CIP 数据核字 (2015) 第 158906 号

书　　　名	崖边报告：乡土中国的裂变记录
著作责任者	阎海军　著
责 任 编 辑	王立刚
标 准 书 号	ISBN 978-7-301-26047-0
出 版 发 行	北京大学出版社
地　　　址	北京市海淀区成府路 205 号　100871
网　　　址	http://www.pup.cn　　新浪微博：@ 北京大学出版社
电 子 信 箱	sofabook@163.com
电　　　话	邮购部 62752015　发行部 62750672　编辑部 62755217
印 刷 者	北京中科印刷有限公司
经 销 者	新华书店
	880 毫米 ×1230 毫米　A5　10 印张　213 千字
	2015 年 8 月第 1 版　2016 年 3 月第 6 次印刷
定　　　价	39.00 元

谨献给父亲，以及村庄的苍茫时日

崖边古堡

塬上的放羊老汉

父亲和《劳动手册》

口　述

被剩下的

孩 子

有一种背影

清明

门

目　录

引子

——

在崖边

CHINA
IN
YABIAN

"现在村里像民国 18 年（1929 年），像 1960 年，那时候挨饿把人饿少了，现在也是走半天见不到一个人影儿。"

2008 年清明节，我回到崖边时，80 多岁的厉敬明老人孤零零地坐在十字路口给我这样感叹。

厉敬明没有经历过 1929 年的饥荒，但他的父母反复给他讲过 1929 年的灾难。厉敬明经历过 1960 年的饥荒，他像自己的父母那样，逢人就要不厌其烦、不由自主地讲述挨饿的痛苦。这既是传承历史，更是在告诫后人要重视农业、珍惜粮食。厉敬明对 1929 年和 1960 年的恐惧是整个村庄所有人共有的伤痕。

2008 年是一个稀松平常的年份，村庄的所有人都是吃饱穿暖的，但村庄的每个家庭都是残缺不全的。因为家庭离散导致的村庄有生力量缺乏，在厉敬明眼中，无异于 1929 年和 1960 年的灾难年份。作为土生土长的崖边人，我亲身参与并见证了崖边人因城市化而背井离乡并导致村庄日渐凋敝的过程。但当我听到厉敬明将村庄缺乏生机的现实生活与饿死人的历史时期相提并论，我震惊了。这促使我产生了认真梳理城市化浪潮之下新乡土中国之忧的想法。返城后，厉敬明的话反复在我心里激荡着，它好似催促我进入认真思考村庄课堂的铃声。

　　陇中黄土高原，没有草，没有树。光秃秃的山峦，风起尘扬。这景致看久了眼睛也会生疼，让人感到莫名其妙的焦虑和迷惘。连绵起伏的山丘受雨水切割，沟壑纵横，每一座山包都有无数的山湾，每个山湾里都养育着一个村庄。我的故乡——崖边就在整个旱海核心区域的一个山湾里。

　　从 310 国道一路向西，在马营左拐翻山，一条县级柏油马路像一根动脉血管，在山包上蜿蜒盘旋。公路叫马（营）陇（西）公路。每隔三五百米，路边的山坳处就有一个岘口。岘口是公路上的驿站，把山湾里无数个灰蒙蒙、静悄悄的村庄连缀了起来。马陇公路 35 公里处的岘口叫井湾岘。从这里远眺，三公里开外的一座山格外显眼，因为山上有一个高大的古堡。山叫岳家山，堡叫岳家堡。崖边就在堡子那边的山脚下。

　　崖边村躺在岳家山的西面，坐东朝西，正视着前方的一条小河。小河是渭河不起眼的小支流，从 1990 年代后期，已几近干涸。这预示着陇中黄土高原的旱情在不断加重。小河对岸是陇西县的村庄，崖边处在通渭县的西南边陲。

　　村中的核心地带有一个十字路口，所有的黄泥小屋都依着十字路口排列修建，所有的农路都循着十字路口扩散开来。十字路口是村庄开放的公共空间，类似于城市社区的广场。村庄的所有人都会在这里拉家常、谝闲传、论是非。这里是村庄交流信息、传递信息、获取信息的主场域。

童年的记忆中，十字路口一年四季总是有人活动。常年干旱，故乡生产劳动的图景艰辛之外更显壮烈。因为村庄的人用实际行动推翻了外人对这块土地"不适宜人类居住"的论断，硬生生活了下来。与生产劳作的艰苦相比，活下来的人还有温暖人心的生存仪式，还有经久传承的道德操行。嵌入我童年记忆的内容，除了耕作大地的辛劳和贫瘠外，村庄还有和谐有度的生活内容：老人安享晚年，中青年躬耕农事，少年成群结队嬉戏打闹，村庄鸡鸣犬吠，人声接耳；进入年关岁尾，各类民俗文化活动上演，村庄会更加热闹。

离开故乡很久后，当我回到崖边时，十字路口已经很难碰到人，整个村庄死一般沉寂。夏天，绿意盎然的村庄缺少了人的踪迹而显得阴沉；冬天，萧杀的村庄因缺少了人而更显孤寂。

进城以来，故乡一直是令人惆怅的符号。在城市里怀念故乡，希望回到故乡。真正回到故乡时，故乡的贫瘠又会让人非常失落。与厉敬明在 2008 年的对话，让我忽然意识到，我不是一个孤独的惆怅者。

2008 年之后，厉敬明再也无法出现在崖边十字路口，他病倒了。十字路口没了厉敬明的守候，更加寂静。

经过十字路口进入我的家，我能碰见的第一个人经常是厉军红的母亲。农业合作社时期的马场就在十字路口，马场的拐角处建有一座高房，十字路口依着高房成型。高房的窗户正对入村道路，高房如同瞭望所。包产到户时，这个高房分给了厉军红家。所以，所有进入村庄的人总是被厉军红母亲第一时间发现。

"走，到我家去转转。"她每次都会这样邀请我去她家做客。

每次她邀请我，我都会问一句："军红在不在家？"

她总是回答："不在，打工挣钱去了。"

几乎每次还乡厉军红都不在家。厉军红和我同龄，要是他在家，我兴许会去他家看看。但想到厉军红不在家，我每次都婉言谢绝了厉军红母亲的邀请。

2013年初冬，我回到崖边时，再次碰到了厉军红的母亲。她背着一捆柴，行走在村里新近硬化的村道上，手里还拿着一把铁锹。她步履蹒跚，行动迟缓。她照例邀请我去她家做客。之前无数次拒绝了她的邀请，这一次我跟着她到了她的家里。院落杂乱，鸡粪、柴草满地皆是。主屋里，粗糙的木桌上堆着厚厚的尘土。厉军红父亲的遗像格外显眼。北面的房屋是厉军红的婚房，大衣柜上镶着一面大玻璃镜子，墙上还留着残缺的"喜"字。衣被、装饰画零星的红色早已被灰尘覆盖。显然，新婚时布置环境所憧憬的浪漫和美好早已被婚后的现实压力击得粉碎。

厉军红的母亲让我坐定，她翻箱倒柜用污浊的瓷盘端来了一片干硬如瓦片的馍馍，不停地招呼我吃。我象征性地掐了指甲盖大小的一点，嚼起来有点费劲。

"军红去哪里打工？"

"不一定，有一阵子在兰州，有一阵子跑包头。"她一边回答一边从桌角拿起了一块黑乌乌的抹布。

"为啥要把老婆孩子也带走，那不是很有压力么？"

"人家媳妇子不愿意在家里待，两个人出去干活能多挣一点钱，家里的农活给我一个扔下，孩子带走了还好，要不然都得我管。"

"60多岁了，还能干动活吗？"

"干不动也得干，不能坐着等死。"她一边擦桌子一边说。

1990年代，厉军红的父亲在石湾乡集市上卖木料，他算是崖边为数不多的生意人。他常年做生意，家里的农活基本靠老婆孩子维持。在崖边，厉军红家的庄稼由于作务不好，常年长势欠佳。厉军红的父亲常年做生意，似乎也没能改变家里的面貌。他家和所有人一样，住着土房子，过着苦日子。

我和厉军红小时候一起长大，关系还算不错。他上初中时和同学打架被开除，后来便去打工了，我和他便少了来往。2003年，他突患精神疾病，逢人便打。

由于他父亲做生意的缘故，小时候他手头的零花钱比较充足，花钱也大手大脚。记得上中学时，有一次他用喝剩的白酒洗手，这个举动在贫瘠的陇中农民看来，实在过于奢侈和浪费，但厉军红对此不以为然。厉军红花钱不受节制的习性在他走向成人之后，仅靠打工再难以为继。他是典型的"能力无法满足欲望"的新生代打工者，他的精神失常也多半源自于此。

厉军红的精神疾病康复后，不大和人来往了。2005年，厉军红的父亲身患气管炎离世，随后厉军红娶妻生子。

厉军红的母亲说，农忙时厉军红会回到崖边，将庄稼种好，然后自己去城里打工。

"现在家里就我一个人，像个独鬼。"

"晚上一个人住，怕不怕?"

"习惯了，有时候还是害怕。"

崖边人迷信鬼神，所谓的害怕也就是怕传说中的鬼魂。

与厉军红母亲相比，出生于 1940 年代的宋福禄要潇洒得多，因为他的儿子宋辉在河北打工收入较好，他基本放弃了土地，不再操心风调雨顺和五谷丰登。

宋福禄的儿子宋辉 1982 年出生，他有两个姐姐，一个妹妹。宋辉从 16 岁开始就在河北石家庄打工，结婚后妻子也被带到石家庄。从 2007 年开始，他又把自己的母亲带到石家庄帮自己带孩子，但父亲依然留在家中。宋福禄一个人无法耕种自己的土地，把绝大多数土地都租给了村里有劳力的人，剩下离村较远、坡度过大的土地则撂荒。在崖边村，做饭是女人的专利，男人一般都不会做饭。但宋福禄一个人还要自己做饭，生一顿熟一顿，反正只能将就着吃。最要命的是万一有个头疼脑热，无人照应。对于这样的生活状态，宋福禄对我说："自己没办法，儿子宋辉也没有办法。儿子回家吧，外面的钱就挣不到了;跟着儿子到外面吧，儿子的压力会特别大。"

崖边人都以为宋辉可以留在城里，可以在城里把母亲养老送终。但 2014 年，宋辉的母亲得了重病，花了很多钱，依然返回了崖边。可见，宋辉依靠打工将父母接到城里是不现实的。很多打工的人，很难立足城市，一旦城里的工作有变故，崖边将是最后的老巢。故乡无疑是每一个农民最可靠的家园。

在崖边，1982 年之前出生的人一般都有较多的兄弟，老大外出之后，还有老二老三等可以照顾老人。但 1982 年以后，严格的计划生育政策执行，农村一对夫妇只能生两个孩子，换言之，一个农村家庭顶多有两个儿子，基本杜绝了一户弟兄好几个的情况。青壮年外出，老人留守家中都存在老无所养的问题。崖边 81 户人当中，很多老人和厉军红的母亲以及宋福禄一样，身边没有儿孙的陪伴，独自留守在家中，既要照顾自己的生活，还要操持家中的几亩薄田。在中国，农民是无法退休的职业，与那些标榜自己鞠躬尽瘁的人相比，农民才是真正为职业而鞠躬尽瘁的人，很多农民会一直劳动直到死在岗位上。

全国老龄办测算，"十二五"时期，我国有 4000 万农村留守老人。中国人的传统观念里，子孙绕膝是富贵的象征。四世同堂、五世同堂曾是国人向往的理想状态。但外出打工的大迁徙开始后，每个家庭都不能人口完备，完整的家庭组合已经解体。

由于父亲去世早，厉军红是崖边 80 后青年中唯一沾染农事的人。崖边只有 70 后的壮年才会在家庭中选择"半工半耕""子工父耕"的办法维持生活，而绝大多数 80 后青年都是全年在外打工，90 后青年则基本不懂务农。外出打工的年轻人有的只身一人外出，有的带着妻子和孩子，有的只带着妻子而把孩子托付给父母亲。

留守妇女被称作"体制性寡妇"。据全国妇联统计，我国农村留守妇女超过 5000 万人。"体制性寡妇"的诞生造成了农村婚姻关系的不稳定。情感问题的增多引出了一些新的社会问题，诸如婚外情、离婚率增高等。

崖边张纪纲的老婆就因为丈夫常年外出，和外村男人产生了感情。张纪纲与妻子差点闹离婚，但为了孩子，张纪纲极力挽留了婚姻。不过张纪纲的遭遇几乎成了崖边人诟病的一大污点。由于老婆出轨的原因，张纪纲放弃了打工，但夫妻感情名存实亡，常年争吵不断，对孩子的成长也造成了极坏的影响。

2014 年冬，在外打工的厉小虎回家，怀疑妻子和别人有婚外情，发生争吵。妻子一气之下拴了绳子上吊，幸好抢救及时捡回了一条命。

随着越来越多的妇女随同老公一起外出，一些儿童只能与老弱病残的空巢老人厮守在一起。

佟富是崖边颇为成功的打工者，他小学毕业就开始打工，自学了贴瓷砖的手艺，坚持打工十余年，勤俭节约，有了丰厚的积蓄。2009 年我见到佟富时，他正在崖边修盖房屋。此刻，他心中的家园显然在崖边。但到 2013 年时，情况发生了颠覆性的逆转——佟富已在银川购买了商品房，2009 年新修的房屋也一直没有投用。尽管落户宁夏已成事实，佟富已将母亲接到银川，但佟富的儿子和佟富的父亲还是留守在崖边。

佟富的儿子在一本写字本上写阿拉伯数字，横不平竖不直，数字 7 总要擦掉两遍才能写好，一页纸从 1 写到 9，是一项浩大的工程。佟富的父亲佟进贤一边和我聊天，一边用余光监督着孙子的作业工程。

"两个儿子都进城打工，挣得还行，我现在基本不种田了。"

正说着，佟进贤敏锐地发现旁边的孙子将9写得像个羽毛球拍子："不好好写，今晚不要吃饭。"佟进贤厉声喝道。

佟进贤是文盲，除了1到10的阿拉伯数字比较熟悉外，他认识的汉字并不多。辅导孙子的作业显然是心有余力不足，好在接受我访问的2012年，佟进贤的孙子只在上小学一年级，写阿拉伯数字佟进贤显然还能应付得来，之后的学业再由文盲爷爷督导进行，肯定不大理想。

佟进贤出门取东西一刻钟时间，我和佟进贤8岁的孙子交流了一阵，孩子很腼腆，不大言语。问三句才能回答一句。我问他爱爷爷还是爱爸爸，他说爱爸爸，爷爷老是骂他。我问你想不想爸爸妈妈，他不说话，但眼中已飘起了泪花。

《中国留守儿童心灵状况白皮书（2015）》显示，全国有6100万留守儿童。因亲情缺失，留守儿童存在孤独、失落、焦虑等心理不健康因素，有的还会发展成社会偏差人员。留守儿童的学习由于缺乏父母亲的监督和指导，跟不上趟。

在崖边，每一个家庭的留守儿童都由爷爷奶奶照顾，尽管会出现这样那样的小问题，但是不会有太大的问题。湖南卫视《变形记》节目中，贵州省一个叫梁训的留守儿童与四川成都的一位公子哥互换生活环境。梁训十四岁，一个人留守在家，自己背水、自己做饭、自己洗衣、自己学习、自己一个人睡觉，艰辛、孤独可想而知。面对镜头，他说自己通常在晚上睡觉的时候最害怕，他便用唱歌的方式驱散孤独和恐惧，唱着唱着就睡着了。他在自己完成一切生活学习的任务后，还要为家里喂养一头小猪。他年初送走爸爸妈妈时，小猪伴随他一起成长，到年关爸爸妈妈回家时，他在保持自己成长的同时，还要将小猪喂成大肥猪，以贴补家用。

梁训在成都新爸爸家里吃了一个鸡蛋，引发胃疼。医生说他平时吃得实在太差了，不能一下子吃得太好太多，连一个鸡蛋的营养都补充过剩。医生被他的经历感动，在他离开之前硬塞了几百块钱，让他买点好的吃。

湖南卫视的《变形记》栏目，通过城乡少年互换角色，不仅能影响参与节目的孩子们的成长，更能让全社会关注到城乡生存环境的巨大差距，关注到两极分化，关注到精神文明和物质文明协调的问题，关注到人到底该如何全面发展的问题，确实是一档好节目。

2010 年的冬天，崖边老人厉敬明去世。我回到崖边正好赶上他的葬礼。

婚丧嫁娶是崖边人最具仪式感的生活。村庄的传统是：每出生一个人，全村人都会出动为其庆生；每迎娶一个人，全村人都会出动为其庆贺；每死亡一个人，全村人都会出动为其送别。村庄就在这样的生离死别、迎来送往中繁衍生息、不断壮大，从明末清初的几户人发展到如今的 80 多户人。

我记忆中，崖边所有的葬礼都是倾村出动，但厉敬明的葬礼冷冷清清。抬棺材、挑纸火，人手几乎不够用，妇女儿童都在积极帮忙。呜咽的唢呐伴随着稀疏的送葬队伍，和我记忆中人们成群结对、熙熙攘攘的崖边葬礼相比，这场景更显凄凉。

看着包裹厉敬明身躯的棺材渐渐被乡亲们用黄土埋没，厉敬明一边捋着苍白胡须，一边给我感叹"现在村里像民国18年（1929年），像1960年，那时候挨饿把人饿少了，现在也是走半天见不到一个人影儿"的神情再次浮现。厉敬明的葬礼直接检验了厉敬明的论断。

埋葬完厉敬明的第二天，村民厉永强来我家串门，他和阎海平继续谈论昨天的葬礼。

"到底是厉敬明的棺材太重，还是昨天抬棺材的人太少了，真把人累死了？"厉永强引出了话题。

"棺材都差不多，死老汉临死前瘦干了没重量，关键是人太少。以前咱们埋一个老汉都是十几个人换着抬，昨天咱们就八个人一共抬了十里路，还有上坡路，肯定感觉吃力。"阎海平分析说。

由于年轻人外出务工，像厉永强和阎海平这样的中年人成了包括葬礼在内的崖边集体劳动、公益劳动中的主力。他俩为人诚恳，常年难以外出，几乎村里的所有公益性劳动都会积极参与。

在城镇化加快推进的过程中，中国的乡土社会正在被遗弃和荒芜。参军、考学、打工，几乎快抽光了乡村的活力，人人"挤破头"朝向城市，乡村只剩下了老弱病残。走出去的人很少回来，上学的在想尽一切办法找工作力图留在城市；从军的托人花钱只要能晋级士官就能长久待在部队，即使部队复员回来，也能赚到一笔丰厚的安置费，在城里安家有了基础；出卖劳力谋生的农民，一旦到了城里，也不愿返乡，举家混迹城市一隅，舍弃淡泊的家业毫不悔惧。能出去的都出了，村庄只有留守妇女、留守儿童、空巢老人，年老的一个接着一个离世……放眼全国农村，大体都存在同样的问题。留守妇女、留守儿童、空巢老人，这些新名词是紧随 20 世纪末的"三农问题"而出现的。农村被抽空了新鲜力量，只留下了"386199 部队"[1]。

"386199 部队"驻守的村庄，最紧迫最凄惨的是留守老人问题。留守儿童长大了会想办法离开村庄，留守妇女会想办法跟随丈夫外出，即便留守也能实现自我照顾。而老人就不同了，留守村里的老人老无所依，即使有再多的金钱，一旦丧失劳动能力之后，金钱也无法变成照顾老人的贴心子孙，无法采购人间亲情的温馨。

越来越多的人外出打工，村庄围绕人的生老病死和婚丧嫁娶所固有的生存仪式正在被逐渐湮灭。由于外出打工，崖边从 2000 年到 2014 年，只举办过五场婚礼。很多外出务工的人结婚时都在城市里举办婚礼，这样一则避免计划生育的追究，二则避免回村办婚礼的麻烦。婚礼不在村里举办，新生儿的"满月酒"自然也挪进了城市。唯有葬礼，是村庄无法舍弃的规则，每一个老人死去，都要举行葬礼，而年轻人越来越少，葬礼仪式能否按照旧制度举行正面临着严峻的考验。

"现在真的成了麻烦，年轻人走光了，死一个老汉埋的时候把人就挣死了。该讲究的讲究也到了省略的时候了，不简化不行了。"阎海平继续感叹道。

和厉军红一样大的厉斌也是我小时候的玩伴，他自从初中毕业后就外出打工，这些年一直没见过面。2010 年我专门去他家看看，只见大门紧锁，院落荒草凄凄。附近的邻居说厉斌的父亲得怪病死

1. "386199 部队"指以妇女、儿童和老人为主体的农村留守群体。

了，厉斌这些年从来没回来过。

一个人，说走就走了。一户人，说散就散了。

我想知道崖边到底有多少人外出，阎海平作为村长给我仔细算了算说："家家有人外出，少的一两个人，多的三四个人，最多的全家都外出。全村81户人有15户已经常年上锁，多年不回家。"

2000年到2010年，中国360万个自然村锐减到了270万个。这是城市化的"功劳"。这十年时间崖边也更加萧条和凋敝了，但没有衰亡。它由厉敬明、宋福禄一样的老人和阎海平、厉永强一样的中年人守护着。

尽管中国很早就有了先进的城市文明，也曾创造了世界顶级（四大发明）的技术，但中国的社会基础或者说社会基层依然是乡土的。中国绝大多数人都是农民，土地搬不动，农民依赖土地、固守土地，形成了乡土中国，形成了农业文明。这是费孝通60多年前总结《乡土中国》的依据。

尽管费孝通总结的社会结构特点依然能在中国乡土社会窥见一斑，但总体而言，在经历了1949年的解放和社会变化，特别是改革开放以来的城市化浪潮以后，中国农村社会基础结构已经发生了深刻的变化。当代社会学者贺雪峰将其概括为"新乡土中国"。

由"乡土中国"向"城镇中国"过渡，是中国城市化的必然结果，这个过渡时期的农村问题，便是"新乡土中国"问题。在千百万个"崖边"，"386199部队"守卫的村庄是"新乡土中国"最大的忧伤和惆怅。

困在田野上的人

CHINA
IN
YABIAN

奢 婚

每次回到崖边，耳中总会有一些鸡零狗碎的事情传入，起初，最触动我的莫过于和我年龄差不多的人发生一些变故。2004年还乡，厉会平结婚的事便在我脑中上了头条。

厉会平在崖边村从我懂事以来便被人称为光棍。导致厉会平光棍的最直接原因，便是他丑陋的长相：一张大方脸，镶嵌着小眼睛、歪塑着大宽扁鼻子；厚嘴皮组成的大嘴巴，整日呲着似笑非笑；再配上O型腿支撑的一截不高的个子，走起路来老是前颠后倾。厉会平的如此长相在乡民眼里成了谈论人样的一个标准，经常有大人会对一些小孩说："看，你长得像会平一样，长大了肯定丑得连老婆都娶不上。"

除了长相丑陋，厉会平幼年丧父也是娶妻难的重大原因。

一个30多快40岁的男人让娶老婆的事情操碎了心，他太需要女人了，但他的条件在大家看来根本没有得到女人的希望。当他真有了女人时，我在庆幸之余还倍感惊讶。

厉会平结婚的事是十字路口闲聊的人告诉我的。上午听见了关于厉会平结婚的事情，下午就和他会面了。

"工人回来了。"

崖边人把离开崖边做事的人统称工人。我哈哈一笑，算是对他的回应。他邀请我到他家去喝罐罐茶，我打趣说有没有冰糖，他说你去当然就有，不但有冰糖，还有大红枣。

我斜躺在厉会平堂屋靠窗户的墙根，问起了厉会平的婚事。

"那女的不合适。"

"怎么不合适？"

"没有那东西。"

我听得差点把口中的食物喷了出来。

"就睡了一个晚上，第二天早上，人就走了。"这几句厉会平说得很释然。

"你是不是硬要和她那个，搞生气了？"

"忍了半辈子能不试吗？"

"那你到底搞了没有？"

"我给你说了，她没有那东西，咋能搞？"

我很怀疑，厉会平居然能娶到一个不正常的女人，但我知道，再进行关于结婚的话题就成了哪壶不开提哪壶，便识趣地岔到了其他的话题。

后来才得知，厉会平的婚事尽管以失败告终了，但有一点值得庆幸——那就是他的妹妹没有被对方接去当媳妇。厉会平的这桩婚事本来是以妹妹给对方的兄弟做媳妇进行兑换为前提的，但由于厉会平接过来的媳妇只住了一个晚上就回去了，厉会平的妹妹便没有再送走。

厉会平一直没有自己的女人，厉会平后来也逃离了崖边。我已经很久没有见到他了。

一个男人没有配偶，这个男人就无法为自己繁殖后代，也无法为人类自身的生产作出贡献。贫穷是产生光棍的根源。崖边人惧怕贫穷，更惧怕光棍。消灭一个光棍，哪怕付出多大的代价，崖边人都会尝试。

比厉会平婆亲更荒诞，崖边有人还选择了近亲结婚，这是现代文明绝对不能容许的行为。但在 2006 年，崖边人宋顺顺逼迫自己的表妹与自己成婚了。

宋顺顺1978年出生，连小学都没有毕业。他从1996年开始打工，去过山西煤矿，去过陕西砖厂，去过兰州的建筑队。10年之后，他依然没能富裕。他每年春节回家，都是拮据而来，落寞而走。

宋顺顺是第一个给崖边带来"响声"的人。20世纪末，崖边没有通电，而与崖边一河之隔的陇西村庄通上了电，有电的陇西村民故意在每年农闲时节特别是春节期间，将高音喇叭开到底，唱秦腔，唱情歌，吸引崖边人的注意力。崖边人气恼也没办法。有一年宋顺顺打工回家，带来了功放机和高音喇叭。他买了几十节电池做电源，和陇西村庄比赛唱秦腔。但他的功放耗电量惊人，一堆电池几个小时就耗干了电量。宋顺顺嫌高音喇叭费电，剪掉了喇叭的外开口，缩小了喇叭，但依然于事无补。这个做法被乡邻讥笑了好几年。

在崖边人的心目中，宋顺顺不是一个诚实勤奋的人，而且还不是一个神经正常的人。大家认为，他打光棍已成定局。但事情在2006年发生了戏剧性的变化。他在外地打工的时候，和自己姨妈的女儿也就是自己的表妹同居了。并"生米煮熟饭"将表妹变成了妻子。

他的姨妈得知此事后，带了他们村里的一帮人，来到崖边，强行将自己的女儿带走，试图推翻这个既成事实。

后来双方进行了谈判，宋顺顺的姨妈眼见女儿的肚子一天天大起来，反对婚已是徒劳，她便提出要给自己一些彩礼才能承认宋顺顺和表妹的婚姻关系。但是宋顺顺家里人没钱，自己打工也没挣到钱，一时难以满足姨妈的要求。

过了一些时日，宋顺顺便去姨妈家里找人，姨妈将女儿藏起来，被宋顺顺找出来，正要带走时，姨妈抱住了女儿的腿，宋顺顺将姨妈踢翻在地，强行带走了表妹。宋顺顺的爱情和婚姻动用了非正常手段。

在通常情况下，舆论对崖边人的影响最大，超过了政策和法律的作用。像娶表妹为妻这样的做法，崖边村民口口相传形成的舆论导向是不认可的。宋顺顺突破舆论压力，既"另类"又违反伦理的做法，只能证明他对爱情和婚姻有着强烈的渴求。这一例与文明背道而驰的婚姻，证明了崖边光棍问题到了非常可怕的地步。为了"脱光"，崖边的"剩男"无所顾忌、无所不能、无往不前。

阎光荣生于1977年，1999年时他22岁，符合法定结婚年龄。但是，一直到2008年，他还是单身。从2000年开始，崖边人都认为阎光荣成了光棍，都在为他担心。

阎光荣早年当过兵，身材高大，容貌俊朗。只有小学文化程度的他退伍复员以后，常年在外打工。但他年年外出，年年积攒不了几个钱。他的家人对他疼爱有加，并不觉得有什么不妥之处。2009年，就在崖边人认为他的光棍生涯已成定局之际，32岁的阎光荣在外地打工期间成功找到了对象，一举洗雪了大家对他的成见和轻视。

阎光荣确定的对象叫韩艳花，是本乡另一个村庄的人。韩艳花和阎光荣是自由恋爱，但她清楚自己的父母不会同意自己的婚姻选择，便选择了和阎光荣私奔。

韩艳花的父母起初不知道自己的女儿到底和谁私奔了，便四处打问，最后终于得知是崖边人阎光荣"拐跑"了自己的女儿，他们对阎光荣非常恼怒。因为韩艳花的家里非常贫穷，加之韩艳花的两个弟弟都需要娶媳妇，韩艳花的彩礼是两个弟弟婚姻大事的救命稻草，韩艳花的私奔造成了彩礼的流失。

韩艳花打工时已怀孕，返回家乡时被父母扣留了起来。阎光荣的父亲便前往韩艳花家中去谈判，对方提出要4万元的彩礼，一分都不能少。阎光荣的父亲又找来能说会道的媒人第二次前往谈判，最后敲定给3万9千元。但阎光荣说自己只有1万元现金，对方根本不答应。阎光荣采取了拖、等、躲多种办法逃避韩家人追要彩礼。

后来，眼看着孩子就要生了，阎光荣和哥哥阎荣光再次前往谈判，阎光荣拿了5000元，对方直接嫌少不要。

"嫌少不要，发火，说你是不是他哥，当老哥的咋搞的？我说我是他哥哥，但我确实没钱。"2013年阎荣光回忆说。

阎光荣答应有钱了一定给岳父偿还彩礼，韩艳花才被允许带走生孩子，双方不欢而散。

尽管韩艳花回到了崖边，成了崖边人的媳妇，但韩艳花家人对阎光荣家人作为亲家，并没有丝毫亲近，反而萌生了仇恨。彩礼让亲家不亲。

2011年正月某一天，韩艳花的两个弟弟突然来到阎光荣家里，阎光荣一家人赶紧热情招待，并摆上了酒席。喝了不多一阵，韩艳花的大弟弟开始发飙，又是打人，又是砸东西。韩艳花的小弟弟拉架时，被哥哥打破了头，血流不止。场面极度混乱，阎光荣急忙开溜躲闪，阎光荣的父亲满村子找人，帮忙安抚。我随同村民进去时，看见韩艳花的小弟弟捂着头，神情沮丧，脸上血迹斑斑。韩艳花在一旁帮忙擦拭血迹。另一间屋子里，韩艳花的大弟弟还在继续发飙。据说那天折腾到很晚，兄弟俩才离开崖边。

2013年12月18日，我见到阎荣光时，他说弟弟阎光荣的岳父最近酒后摔伤了脑部，已在定西某医院处于昏迷状态。韩艳花的弟弟们要求阎光荣为岳父支付1万元的医疗费，阎光荣尽管有些不愿意，还是赶去了医院。

谈及弟弟的婚事，阎荣光说："光荣人不行，他应该争口气，吃点苦，挣几个钱，给人家给一些。人家养活一个女儿不容易，不能白娶进门。"其时，阎光荣和韩艳花夫妇已经生了第二个孩子，但彩礼还未还清。

为了摆脱光棍，崖边人有着沉重的梦想，忍受着甜蜜的负担。成为光棍可怕，为了娶媳妇花费巨额彩礼同样不轻松。结婚成了大龄男青年的奢望和负担，就算铆足了劲凑够彩礼结了婚，高筑的债台也会让原本甜蜜的生活陷入窘迫当中。

自然条件艰苦、交通不便、缺水，是边远村庄的共同特征，姑娘们都不愿意嫁进村庄。日益城市化的中国，光棍问题在穷人心中愈发变得恐惧起来。越来越高的彩礼，已经把不少农村家庭压得喘不过气来，造成双方家庭在交往过程中纠纷矛盾不断。

一些老人回忆说："上世纪60年代结婚，离不开灯心绒；70年代是涤纶、海虎绒，家庭状况好的给几十元的彩礼，送些粮食和布匹票，再准备一对木头箱子，一床被子就可以娶媳妇了；进入80年代，在市场经济大潮的推动下，特别是受城市高消费的影响，在农村，彩礼上涨到了1000多元，婚礼中也加入了名目繁多的附加费用；到了1990年代后期，农村青年结婚单是彩礼一项就上涨了十几倍，远远高出了收入的增幅与物价上涨的速度。原来几十元、二三百元的，涨到了三五万。"

时间到了2010年以后，崖边的小伙子即使有足够的金钱，也很难觅到愿意嫁到崖边的姑娘。

2013年10月，甘肃农村地区彩礼居高的问题被媒体广泛报道，特别是大专8万元，本科10万元的彩礼"价目"成了媒体关注的焦点。2015年，中央电视台以《陇东婚事》为题，对甘肃庆阳高价彩礼做了报道。节目揭露，有的彩礼甚至高达15万元。[1]彩礼只是婚姻花销的一项，一桩婚事要办完，还有办酒席，买家具、家电等开销。

新中国成立后诞生的第一部法律就是《婚姻法》，这部法律重大的意义在于对妇女的保护。其中，禁止买卖婚姻就是最大的体现。在中国传统社会，妇女社会地位低下，属于被买卖的对象，解放前

---

1. 中央电视台《新闻调查》2月7日节目。

盛行的"童养媳"就体现了穷人悲惨的生存状态。新中国建立后，新政倡导新风，"童养媳"在全国范围内完全被消灭。但买卖婚姻被禁绝的背后，彩礼始终没有被消除。在名门望族的婚姻中，彩礼其实是双方表示祝贺亲事的意思，男方给女方一定的彩礼，也表达了男方对女方的谢忱之意，这种礼节性的表达，没有买卖性质，其数额也可以随男方的家庭经济情况的高低而决定。彩礼逐渐演化，性质完全变了样。特别是市场经济环境下，女方漫天要价，婚姻的买卖性质不受制约地浮出了水面。

禁止包办、买卖婚姻，禁止借婚姻索取财物，这是法律明令禁止的，也是实现婚姻自由、婚姻男女平等制度的前提。但是高价彩礼让农村婚前消费在某种意义上走入了误区，这容易让婚后的夫妻情感和家庭生活出现矛盾和裂痕，还会波及下一代的成长和教育。高价彩礼无疑给光棍"脱光"制造了门槛，加剧了更多光棍的诞生。

村庄的存活在人。谈及村庄，关键的是人。

人类有两大生产任务，一是自身生产，一是为人类自身存活而开展的物质生产。而光棍问题是关乎人的繁衍的根本性问题。光棍问题不论城乡都有，产生光棍问题的直接原因是贫困，这一点城乡一致。

崖边产生光棍的家庭都是村里贫穷的农户。他们贫穷的原因不一而足，有的是因为懒惰、有的是因为智力缺陷、有的是因为重病拖累。改革开放前，崖边只有两个光棍，一个是许长富、一个是谢新成。

许长富打光棍有两个原因：一个是父母离世早，另一个是为人懒惰。谢新成打光棍完全是因为身体残疾。他的右腿严重残疾，生产生活受到严重影响。我在崖边上村学的时候，一帮小伙伴恶搞谢新成，编了一段顺口溜：跛、跛、跛新成，越跛越心疼[2]。谢新成一听就是在笑话自己身体残疾，他便发怒追打，孩子们四处逃窜，谢新成怎么追也追不上。谢新成曾托人从甘肃岷县娶了一个智力有问题的女人做老婆，但她一不会干活，二没有生育能力。谢新成和她过了一年多，便将她送回了岷县老家，放弃了婚姻生活，义无反顾地打起了光棍。

在崖边村，一个男子如果到了 25 岁难以结婚，那就意味着已经发出了危险信号；如果一个男子 28 岁或者 30 岁还没有结婚，那就意味着打光棍已成定局。

从调查来看，崖边的光棍主要集中在 80 后人群。截止 2013 年底，崖边共有 70 后光棍 4 人，80 后光棍 15 人，90 后人群中，有些已经结婚，符合结婚年龄仍然没有结婚的人达到了 4 人。

传统上，崖边人娶亲瞄准的也就是方圆数十公里范围村庄的女子。男子的家长很早就要在邻村为自己的儿子瞅对象，有的在上小学时就已定下娃娃亲。一般都是男方家长先瞅准对方女子，问清楚年龄，觉得般配，便委托媒人前去求亲。待女方答应后便商量彩礼事宜，媒人巧舌如簧，总是办理这项交易的行家里手。事情一旦办成，最风光的就是媒人，除了男方的重谢，还有远播的声名，也为下一次说媒打下好基础。即使事情办不成，男方还会委托媒人毫不气馁

---

2. 心疼，漂亮的意思。

地去继续张罗搜寻。这个传统的婚姻撮合模式自从农民自由进城后被瓦解了。

源于 1990 年代"井喷"式的社会流动，女性在流动中融入城市的概率远远大于男性。女孩子一旦到了城市，城市比农村优越的生活条件，会对她们产生无法想象的诱惑。她们做梦都想留在城市。20 世纪末，用传统的方式嫁到乡间的女子越来越少，大多是嫁给了远离乡村的地方，要么城市，要么离城很近的城郊。农村少女们被城市乱花迷了眼，大批留守农村的青年从此很难找到伴侣。

实在娶不到妻子的人，还可以尝试入赘。崖边 80 后青年中，有两人选择了入赘。入赘是崖边人万不得已才选择的成家方式，在传统观念中，这是男人不齿的行径。

社会价值观念的裂变，促使所有人向金钱、享乐、物欲看齐，这也是导致光棍问题日趋严重化的原因。一切人都向金钱、享乐移动，婚姻不再以追求幸福的爱情为前提和归宿，女性为了享乐可以抛弃自己应该拥有的幸福爱情，转而追求华丽的、奢华的、虚无的生活，甘愿委身物欲。而男性只要有金钱基础，可以任意践踏一夫一妻制的规则，用金钱挥霍自己贪婪的欲望，不需要任何纯真的爱情来支配自己。那些有钱的人可以有成堆的女人，而没有钱的男人娶不到一个老婆。这就是私有制下一夫一妻制"文明"无法掩盖的罪恶。

宋顺顺和阎光荣的婚姻，一个因为近亲结婚违背伦理，一个因为彩礼充满艰难。但他俩毕竟娶到了媳妇，有了婚姻，有了家，有了后代。像厉会平一样成为光棍的人注定要经历沉沦、灰暗的人生。

按照马斯洛的需求层次理论，人的需求分为生理需求、安全需求、社交需求、尊重需求和自我实现需求五类，依次由较低层次到较高层次排列。其中，生理上的需要是人类维持自身生存的最基本要求，包括对呼吸、水、食物、睡眠、生理平衡、分泌、性等几项。马斯洛认为，只有这些最基本的需要满足到维持生存所必需的程度后，其他的需要才能成为新的激励因素，而到了此时，这些已相对满足的需要也就不再成为激励因素了。

对光棍而言，性的需求显然是最大的需求。人活着的确需要激励，光棍生活无望，性是一个很重要的原因。由于生理需求得不到满足，致使光棍很难再有为其他需求奋斗的激励性动因。

"不孝有三，无后乃大。""始作俑者，其无后乎。"断子绝孙确实是最严重的诅咒了。在现代中国人看来，没有后代也不是什么了不起的事情。在城市里，还出现了"丁克"族。但在封闭落后的农村，传统意识根深蒂固，绵续问题在一个农民的心中，自然还是最要紧的事情。辛辛苦苦生活，一生的操劳几乎都是为了下一代。自己再苦再累都不要紧，只要孩子生活好，就可以放心。一个农民的所有梦想和希冀全部寄托在下一代的身上，包括用抚育孩子的艰辛换取老年之后得到孩子赡养的诉求。子又生孙，孙又生子，这种做法不断延续、代代连绵。

"养儿防老"是中国社会延续了数千年的惯例，在社会养老机制没法解决农民群体养老问题之前，这是一条铁律。父系社会中，女性基本是从属地位，没有社会保障养老的前提下，一个人衰老之后，养老送终的责任全部落在了儿子的头上，所以农村人重男轻女，不生一个儿子是不能甘心的。光棍一无所有，老了之后，自然很凄苦。

中国的皇帝有十几岁就开始为自己修建坟墓的，民间的老百姓也是活着的时候就开始操心死了以后的安葬问题。在崖边所在的西北地区广大农村，一般情况下，光棍基本都是单身居住，不过也有一些生活条件较好、崇尚道德礼制的侄子会把自己的叔父接到自己家里居住，但那是很少很少的。通常情况下，光棍一旦死了，做侄子的不管有没有能力，都要做好安葬工作。否则，强大的社会舆论就会对其进行严厉的谴责。做侄子的为了自己的颜面必须要安排自己叔父的身后事，要不然，自己就很难在乡民中立足交往。20 世纪80 年代中国实行严格的计划生育以后，农村人口中的兄弟减少，一般的家庭都是一男一女。光棍的养老再来依靠侄子，显然不大可能。2003 年以后，中国在农村开始推行"五保户"供养制度，这是解决光棍养老问题的利好举措。

人是群居动物，人不能孤立地生存。社会对光棍往往会自然而然形成一种歧视，这让光棍自感低人一等，很难融入群体交往的圈子。光棍身份的确定，一般都在 30 多岁。在此后的 30 年时间，他可以和父母住在一起。尽管没有妻子，衣食起居上的照顾，母亲还是能给他提供的。但父母去世后，他就彻底孤独了。而这时候，他也会步入老年，生活上的诸多不方便会让他孤苦伶仃。

陇中地贫民穷，但崇文尚礼精神犹存，传统文化底蕴深厚，死人安葬时的棺材都要精心绘画。我的大哥和姐夫会画棺材，每年入冬，家中有老人的家庭都会请他们给老人画棺材。我上小学的时候，跟随他们到过一户农家，那户人家家徒四壁，老太太 80 多岁，儿子60多岁，儿子是光棍，母子相依为命。光棍儿子自身生活境遇不佳，但他很孝敬自己的母亲，每天为自己的母亲做饭，尽管他做的饭非常难吃。他为母亲制作了上等的棺材，并要求绘画也要高端一些。那户光棍人家残缺不全的生活场景、淳朴真挚的情感世界给我留下了复杂的记忆。那位光棍儿子死了以后谁来为他料理后事？这个问题一直在我心里存疑。

人活在世界上，信心很重要。光棍与常人之间形成了巨大的落差，十有八九都是性情落寞，生活信心不足，自暴自弃。光棍通常懒得做饭，懒得洗衣服，懒得打扫屋舍，睡懒觉是他们的功夫。有的甚至懒得种庄稼，连生活都难以为继。

一面是城市的飞速发展，一面是农村的不断凋敝，城市对农村构成了强大的吸引力，农村人口在不断向城市转移的过程中，城市优于农村的现实，会继续让全社会形成思维和意识上对城市膜拜、对农村歧视的态势，社会贫富差距逐渐拉大，人口比例失调，受困于田野无法进入城市的人必然难以找到伴侣，光棍问题只会更加严重。崖边人对光棍问题的惧怕，比对贫穷本身更加厉害。

无处安放的黄昏

面对村庄的衰亡，土生土长的崖边人无力挽救村庄的一步步颓败，有人发出了令人感慨的喟叹——"现在和民国18年（1929年）一样"。但在自身生命价值如何存续的问题上，崖边人钱永福为了尊严做出了决绝的选择。

钱永福生命的晚期，很多崖边老人都看望了他。这是崖边熟人社会的朴素人情。村中看望过钱永福的老人给我转述："我去看望老钱时，老钱说自己已经十天没吃饭，这一次一定要给人家（儿子）死。说完这话，老钱眼泪花儿都下来了，凄惨得很，最后一口气都难咽。哎，人老了可怜啊！"

钱永福晚年在二儿子钱仁义家里养老，钱仁义和妻子对钱永福经常辱骂，不给好脸色。生病初期，钱永福还能为儿子放羊、做家务，但后来身体越来越差，能干的活越来越少，儿子和儿媳的责备却越来越多。随着劳动能力日渐丧失，全力依靠儿子养老的钱永福遭受屈辱后丧失了继续存活的信心，他在生病期间，采取了绝食的方式，自我了结了生命。

钱永福生病期间，没有得到积极救治，一没上医院，二没请大夫。这一方面是因为农村看病难、看病贵，另一方面，也反映了钱仁义对救治父亲不积极、不尽孝道。

钱永福死前几年，经常咳嗽。村人劝慰钱永福说："你找个大夫看看。"

钱永福说："吊水、看先生（医生）的钱我有，但人家（儿子）没这意思，我不能自己叫。"

钱永福觉得自己生命的延续拂逆儿子的意愿，即便活着，也失去了意义。他借着生病的机会绝食赴死，钱仁义乘着疾病的魔力"葬送"了父亲。

钱永福死后，崖边人都清楚他是绝食而亡的，相当于是自杀身亡的。但在钱永福儿子心中，父亲是生病死亡的。

2008 年国庆，受孙冶方研究基金会"30 年来中国农村的代际关系变动与老年人自杀"调查项目委托，华中科技大学中国乡村治理研究中心 30 位师生在全国 10 省 25 个村对当前中国农村老年人的生活状况开展了调研。发现中国农村老年人自杀人数在逐年增多，调研组认为随着中国老年化社会的趋势不断加强，老年人自杀问题将越来越严重。他们在调研报告《中国农村的老年人自杀调查》[1]中将自杀分为甘愿型、激愤型、绝望型、孤独型四种类型。认为：当前老年人的高自杀率，与农村的家庭结构和代际关系正在发生较

1.《中国农村的老年人自杀调查》见华中科技大学中国乡村治理研究中心网站。http://www.snzg.cn/article/2010/0312/article_17666.html。

为剧烈的变动密切相关，而不同类型的自杀则与各地村庄性质和不同的代际关系变化阶段密切相关。报告指出，据卫生部报道，我国农村平均每年自杀死亡人数为303047人，每10万农村人口中有28.72人因自杀死亡。

《中国农村的老年人自杀调查》从代际关系变迁的角度讲述了老年人自杀，但报告同时也指出，不能简单地认为，代际关系的变动使得年轻人将老年人"逼死"了。另外，科学普及与传统信仰的泯灭、老年人主体性的丧失、村庄社会关联的松弛，也是导致农村老年人自杀的三个原因。

在崖边，像钱永福这样用极端方式自杀身亡的案例只是个案。但老无所养、老无所依的问题非常普遍。更多的老人在经历不被孝敬的屈辱时，选择了默默忍受和无言抗争。

1980年代末期至1998年之间，崖边有个叫惯成的人将老母逐出庄院，老人被迫来到村边一口废弃的窑洞居住。惯成和妻子每天只给老母一顿饭，老人每天拿着一个瓦罐前往儿子的庄院打饭，一瓦罐饭吃一天。有时候，老太太会偷偷潜入儿子庄院偷食物，有时候能顺利得手，有时候会被儿媳妇发现以失败告终。在1990年代，惯成虐待自己母亲的行为是崖边人和崖边方圆数公里范围内农民谴责和说笑的对象，惯成也是不孝敬老人的典型代表。但进入1990年代末期以后，崖边出现了更多的"惯成"，崖边所在的陇中农村出现了更多的"惯成"，惯成的不孝之举也渐渐失去了标杆意味，谴责不孝的舆论也渐渐失去了力量。

钱永福死后的某一年，钱仁义在祭奠父亲的时候，特意端着蛋糕走向坟茔。他给路人哭诉着显示孝道："我要给我爸爸献蛋糕，我爸爸活着的时候爱吃蛋糕。"村里人暗地里都说，"钱仁义真会装模作样，干嘛不在父亲活着的时候多给几碗饭吃？干嘛不在父亲活着的时候多给几个好脸色？"钱仁义不孝敬老人的做法尽人皆知，但钱仁义却伪装得道貌岸然。钱永福绝食而亡在村民心里是公开的秘密，但村民都要保全钱仁义的面子，大家谁也不愿去戳穿这个秘密。

村民刘虎也不孝顺父亲，刘虎从来没有帮助父亲干过农活，从来没有照顾过父亲的生活。父亲死后，在张罗葬礼的过程中，刘虎和弟弟产生矛盾，吵闹不休。钱仁义见状斥责刘虎："我最看不惯不孝敬老人的人，你爹白生了你，你小心我揍你。"钱仁义的"正义"表演在村民心中是典型的五十步笑百步。

2011 年，我见到了钱永福的妻子，我希望她谈谈曾经挨饿的经历，她对饥饿岁月不以为然，只说那时候确实苦。紧接着，她话锋一转，不住地抱怨现代儿媳妇不孝顺老人，曲折地倾吐着她自己和老伴遭遇的屈辱："过去的舅舅很有威望，如果外甥对自己的母亲不尽孝道，舅舅会出面批评教育外甥。现在的舅舅一文不值。儿媳妇一个个都骑到了婆婆的头顶上，不得了，不得活。老人可怜啊！"

2014 年 10 月，我回到崖边帮助父亲干农活，碰到钱永福的妻子骨瘦如柴、行动迟缓，但她依然在劳作。在崖边，每个老人只要还出气，都不会放弃劳作。他们都有一个无形的压力，认为不劳动就成了废人，就不好意思再吃儿女的饭。

"土地革命"和"包产到户"加速了中国农村大家庭（联合家

庭）的瓦解，家庭结构更多地变成了小家庭（核心家庭）。过去崇尚四世同堂、五世同堂的中国人更乐意分家过日子，家庭变得小众化、轻便化。在这个过程中，费孝通所说的代际关系发生了深刻变化，族权、夫权主导的社会结构在妇权膨胀下发生裂变，老人的威严不再被尊崇。以前，老人在家中非常有威严，谁不孝敬老人，将会被众人评说。社会主流也在积极引导孝敬老人的风尚。而现在，老人普遍感到绝望。我回乡在崖边搞调查时，老人普遍反映的最大问题就是得不到儿子儿媳的尊敬。过去"媳妇害怕恶婆子"，如今变成了"婆婆害怕恶媳妇"。

社会学家认为：传统中国家庭代际关系的核心是"反哺"。"父慈子孝"是传统社会理想的家庭关系模式，它不仅反映了父母对子女深厚、自然和淳朴的爱，而且反映了子女对父母的亲情之爱。他还体现了父母与子女之间"反哺"式的双向义务伦理实质，是父子血缘天性的伦理升华。

新中国成立之后，提倡男女平等，妇女权益得到维护。以父子关系为主轴的平衡代际关系被打破，"家庭关系的主轴由父子关系向夫妻关系转化"，[2] 这应该是老人不被孝敬的根本原因。

封建社会男人拥有财产所有权是政治制度的安排，女人在家庭中有劳动，有创造财富，但是没有财产所有权。这种不平等制度随着人权学说、女权主义的兴起，渐渐被废除。整个崖边，所有 40 岁以下的女人都在"干政"家庭事务，越是年轻的媳妇，越是掌权

---

2. 贺雪峰：〈农村家庭代际关系的变动及其影响〉，载《江海学刊》2008 年 4 期。

严重。女人的这种普遍的扩权行为，让崖边所有身怀传统道德的老人都极为不解、不满，但是他们一天比一天衰老，伴随他们的衰老，他们的创造力在一天天下降，随着创造力的下降，他们的发言权和社会权威也在一天天缩小，他们对这样的变化已经彻底无能为力。

崖边人佟麦换在父亲生病后，跟父亲说："爸爸，我要把你打发掉。"父亲死后，佟麦换给帮忙入殓的村里人"炫耀"说："我父亲的尸体放多少天都不会臭，因为他死前没吃一粒药。"

崖边还有一位老人生病后，儿子也是不积极寻医问药，而是立即开始筹划后事，又是准备寿衣，又是准备棺材，老人躺在炕上等死。有村人前去看望向老人说："我来你家路上听说你儿子叫大夫去了。"老人听后精神为之振奋，过了许久，不见医生，老人便问孙子："医生怎么还不来？"孙子回答："医生已经走了，是我爸爸叫来的兽医，是给驴看病的。"老人闻听，心灰意冷，只能安心等待死亡来临。数日后，老人死亡。

再比如我的邻居张金龙本来是一个性情豁达的人，但他晚年还是遭到了儿子和儿媳的诟病。2009 年，我回家时，突然得知张金龙单独居住了。我问他为什么？他说儿子在外打工时带来了一只宠物狗，每天开饭前，儿媳妇总会先让狗吃饭，再让人吃饭，他实在受不了，和儿媳妇吵了一架，就搬出来另住了。

孔子曾说："今之孝者，是谓能养，至于犬马，皆能有养；不敬，何以别乎？"两千多年之后的中国农村，有人对父母的"犬马之养"都无法兑现，更别妄谈对父母的"敬爱之心"。

围绕父权、夫权的衰落，农村日常生活中的礼治已经全面崩溃。

家庭内部的秩序格局都发生了变化，尤其在养老、兄弟和睦等方面出现了大的偏差。小家不能和顺，大家的"老吾老以及人之老，幼吾幼以及人之幼"更是不可能。因为父母的养老问题，还会导致兄弟之间的反目。比如钱永福的大儿子从来没有管过父母亲的养老问题。钱仁义和哥哥因为父母养老以及父母所占有土地的分配问题，早在1990年代中期就已大打出手，断绝了关系。

孝悌尽失的问题，在我的家族中也有反映。1990年代，我的三叔阁武和老伴迈入老年。三叔有三个儿子，但他和老伴在三个儿子跟前都无法养老，他搬到老二家居住一些时间，发生矛盾，紧接着又搬到老三家里，还是矛盾不断。

有一年秋天，三叔和儿子闹矛盾，将自己的被褥从儿子家中搬出来，背到山坡上，准备挖一口山洞居住。在村里人的劝说下，才罢休。最后，老两口干脆修建了一间简单的土屋，单独居住，直到70多岁依然依靠自己耕种土地养老。三叔的三个儿子常年闹矛盾，如同三国演义一样，今天老大老二结盟孤立老三，明天老二老三结盟孤立老大。2001年，三叔的大儿子发生意外事故死亡，但三家的斗争并未终止，老大的儿子继承父亲的"志愿"继续着与二叔三叔的争斗。比如2012年正月我回乡时得知，三叔的三儿子和三叔大儿子的儿子因为赌博发生殴斗，一年未缓和关系。2014年过年时，老家来人告诉我，三叔的三儿子和三叔大儿子的儿子再次因为赌博发生了殴斗。这种失去和睦的家族恩怨，令人匪夷所思。

21世纪初，大山外面的中国正在急剧朝向现代化迈进，而在崖边内部的老人们对外面的变化一无所知。他们无法理解世界的变化，无法理解儿媳妇和儿子对老人的厌恶。村内所有的老人喜欢和老人聚在一起，他们的话题便是相互谴责儿子儿媳妇。而村内的年轻女人喜欢和年轻女人聚在一起，她们的话题无法绕开对婆婆的批判。

崖边普遍存在不孝敬老人的问题。唯有宋喜喜和妻子做得比较好。

2014 年 10 月，一个温暖的午后，我造访了宋喜喜的家。

庭院内，一个老人正在屋檐下晒太阳。和煦的阳光洒在他红润的脸庞上，透着祥和与安宁。

宋喜喜刚刚吃过午饭，正躺在厨房的土炕上午休。宋喜喜的妻子正在洗锅。对我的造访，宋喜喜非常欢迎，他一骨碌爬起来赶紧给我找烟。他热切希望人们理解他和妻子孝敬父亲宋桂的心思，对身为记者的我更是充满期待。

宋桂生于 1922 年，早年读过私塾，解放后又上过生产队的扫盲班，识字，略懂礼仪。2005 年左右，他双目失明，双耳失聪，宋喜喜夫妻一直贴心地伺候着老人。我到访时，老人即将迎来 92 周岁的生日，宋喜喜正在筹划庆贺老人的寿诞。

高龄，身体老化。宋桂安享生命美好，静静感受时光流逝的背后，是儿子和儿媳妇对他贴心照顾付出的艰辛努力。

没有卧床前，每年正月他都要穿上自己的长衫，前往庙里上香，惹得众乡邻如看戏般取笑。但他一本正经地用一袭青衫证明自己是识字人，是中国传统文化的卫道士。宋桂一生极力向后辈传播儒家文化和思想，他的二儿子宋喜喜和妻子孝敬宋桂的做法便是最大的成果。在陇中农村，孝敬老人的核心作用在于儿媳妇。宋喜喜曾向村民坦言："伺候父亲的日子自己有时候都受不了了，全靠妻子严转香做得好。"

1990 年，严转香由崖边之外的另一个村嫁给宋喜喜。随后，两个儿子的出生，给这个家庭带来了生机和希望，也带来了快乐。然而，天不遂人愿，1992 年年底，宋喜喜的母亲在干农活的时候，意外受伤，瘫痪在床。这给整个家庭带来了巨大的打击。严转香默默担负起了照顾婆婆的重担，每天做饭、喂饭，端屎、倒尿。

常言道，久病床前无孝子，但严转香伺候婆婆毫不含糊、毫无怨言，直到婆婆 2000 年去世，严转香整整坚持了八个年头。

2005 年，严转香和大儿子相继生病住院，宋桂受到打击，双目失明，又过了一年，两耳失聪。原本还能生活自理的人，变成了彻底需要照顾的人。

陇中苦甲天下。崖边村是甘肃典型的广种薄收之地。每一户农民都要为靠天吃饭而伤透脑筋。面对干旱焦渴的土地，农民只有用无休止的勤劳，才能收获希望。农忙时节，繁重的农活足以让每一个农民都身心疲惫。但严转香还要担负照顾公公的额外负担。"农忙时，太苦了，我们年轻人随便吃点馍馍，喝点水，就是一顿饭。但是，家里有老人，必须开火做一顿像样的饭。"严转香说。

农忙时节，崖边人都要合伙互助干活，有和严转香合伙过的村民说，"我们干完活，大家都在我家一起吃饭，但严转香不行，她还要赶紧回家伺候公公，确实是好媳妇。"

从 2005 年公公失明失聪至我造访时，严转香伺候公公又坚持了十年。

"我家里只有姐妹，没有兄弟，我的父母亲从小教育我，人老了不容易，一定要对公公婆婆孝敬。我成了宋家人的媳妇，就要尽到做媳妇的责任。"严转香对于伺候公公婆婆怨言不多。

严转香孝敬老人的做法还换来了一桩美满的亲事。

严转香的大儿子宋武当兵复员后，在新疆打工。他和初中同学谈对象，一开始还不敢告诉双方家长，但到了谈婚论嫁的年龄，不得不去面见老丈人。宋武和父亲宋喜喜商量好以后，前去提亲，老丈人得知对方的身份非常满意，爽快答应了婚事。

原来，宋武的对象所在的村有一个乡干部，曾在崖边驻过村，他经常向人宣传宋喜喜和妻子严转香孝敬老人的事迹。"崖边宋家老汉遇到了一个好儿媳，"早被宋武的老丈人耳闻。当宋喜喜上门提亲时，他非常乐意。宋武的老丈人认为严转香能孝敬公婆是个好媳妇，自然也是未来的好婆婆，将自己的女儿交给一个守孝道的和睦家庭，自己是放心的。

感动于严转香孝敬老人的行为，宋武老丈人坚决不向宋喜喜索要彩礼。这在嫁女普遍索要高价彩礼的甘肃农村，并不多见。宋喜喜主动给了亲家4万元彩礼。

2014年，宋武结婚。宋喜喜为了让自己的父亲感受孙子结婚的大喜，专门在崖边办了一场比较盛大的婚礼。尽管花费巨大，但宋喜喜觉得非常值。

宋武在新疆某县购买楼房，岳父将宋喜喜给的4万元彩礼一分不少返给了宋武，鼓励孩子们努力工作、改善生活。

宋武在新疆买房花费 28 万，结婚花费 4 万元。为了资助儿子，宋喜喜贷款 10 万元，有一部分款项还是向私人借的高利贷。宋喜喜的二儿子在新疆上大学，每年花费 14000 元，也是不小的一笔开支。

一系列债务都需要宋喜喜和妻子去奋斗偿还，但是全家人 2013 年的总收入只有不到 1 万元。宋喜喜算了一笔账，2013 年全家领取低保补助金 4800 元，粜粮收入 3000 元，23 亩土地获得种粮直补 2000 元。

低收入家庭面对巨额债务，打工是最好的出路。宋喜喜之前每年农闲时都会出去打工，但 2014 年初发生了一次意外，他再也不敢出去了。

"有一次妻子外出干农活了，我父亲的土炕太热，把被褥烧着了，我父亲什么都看不见，自己摸着挪地方，很危险。我走了不放心。"

举债累累的宋喜喜，坚守的是满含艰辛的孝道。

由于农村青壮年劳动力大量外出务工，致使农村"空巢老人"家庭数量急剧增加，引发出农村老龄化、少儿化、女性化"三化"并存的局面，许多农村都是"青壮务工去，收禾童与姑"的现状。这种局面下，渐渐丧失劳动能力的老年人特别是高龄老人的养老问题更加凸显。在广大农村，许多进入暮年的高龄老人，本该颐养天年，由于种种原因反而精神负担和生活负担加重，身体健康无法保证，精神生活苦闷压抑。

莫让"黄昏"无处安放。养老问题是和谐社会的一项重要工作，维护老年人的合法权益，确保老年人生活水平和质量的提高，有利于化解社会各种矛盾促进社会公平，弘扬中华民族养老、敬老的优秀文化。农村养老作为一项关涉全社会和谐稳定的大事，要走上良性发展的轨道，虽然需要更多制度保障和财力支持，但在经济欠发达的广大西部农村，受传统观念制约，单一的家庭养老模式依然是最基本最主要的养老方式，"养儿防老"的传统观念依然盛行，这就需要深入持久地进行敬老、养老的中华民族传统美德宣传，通过宣传努力提高全民保障老年人权益的法律意识，营造出浓厚的敬老、养老氛围，在全社会促进形成尊重、关心帮助老年人的社会新风尚。

秩序的裂变

族　群

　　崖边最早叫吴家崖边，因为来崖边最早定居的人姓吴。但吴家人在崖边发展了 100 年以后绝迹了。后来崖边成了厉氏的"天下"。厉氏家族人丁兴旺、发展迅猛，在晚清出了一个武举人，成了真正的原住民，至今已在崖边生存近 200 年，繁衍了 9 代人。厉氏家族习惯将崖边称作厉家崖边。清朝末年民国初年兵荒马乱，崖边迎来了更多的人家，崖边遂变成了各个家族互融共存的多族群村庄，崖边的称谓始终没能冠上厉姓。

　　封建时代政权、神权、族权（夫权）统治农村，其中的族权就是宗族概念。在江西湖南一带，宗族观念尤其浓厚。有的宗族还有自己的武装，护卫着村寨。湖南大庸西教乡熊氏家族的武装力量强大，贺龙率领红军于 1928 年 8 月攻打时花费了七天时间。[1] 在崖边没有如此强大的宗族，整个陇中地区也没有。这与陇中地区交通相对便捷，地域人群迁移频繁、混居杂聚有直接关系。

----

1. 参见熊培云：《一个村庄里的中国》，398 页，新星出版社，2012 年。

崖边所在的通渭县是"千堡之乡"，县境内现存堡寨 1000 余处，县境内有记载的最久远堡寨为北宋时期修筑。离崖边最近的岳家山堡子大约建于明朝时期。堡寨是通渭地区古代重要的军事防御设施，明、清、民国各时期，官方、民间都在修筑堡子。[2] 众多的古堡证明通渭地域信息通达、战乱频临、人口流动频繁，难以形成聚村而居的宗族，所以通渭农村只有一些较大的家族。

土地革命时期，崖边的地主就出自厉氏家族。除了厉姓家族之外，崖边较大的家族就是我的阎姓家族，至今已有百年历史。宋、孙、王、佟、谢、许等家族都来村时间较短，至今人丁不旺，势力不大。

一个村庄居住着几大家族，也就形成了几大势力。家族是中国乡村社会结构组成的重要部分，家族的强弱、大小直接关系到整个族内人群的生存发展、社会威望、社会地位。整个崖边的历史中，族群冲突和家族之间的斗争贯穿始终。尤以阎厉两个家族的斗争最为激烈，影响最为广泛。

厉氏作为崖边的原住民，对所有外来户都充满了排斥。这和今天北京、上海等大城市的市民排挤外来人口如出一辙。

厉氏家族的人从来不把另姓人放在眼里，经常声言崖边是厉家的崖边。但厉氏家族人在外来户面前趾高气扬的威严逐渐被阎氏家族打破了。

我的太祖父刚来崖边时一无所有，他在村庄的最高处择崖壁挖出一口洞穴，将自己的生命安顿了下来。他居住在洞穴中，既要抵御深夜的寒风，又要防御凶狠的狼群。他的夜晚异常孤独，多少次

2.《通渭县志 1986-2005》，第 606 页，兰州大学出版社，2010 年。

梦境，他都被呼啸的西北风和突然传来的狼叫声惊醒。夜晚无疑是一种煎熬。白天，他会用一捆柴草堵上自己的洞穴，步行20公里路，去榜罗镇一个叫"万兴隆"的商铺站柜台。

厉氏有个被称作厉家老爷的人，是睥睨一世之人。我太祖父在厉家老爷的屋舍旁耕地时，给耕牛衔着一对巨大的铃铛，来回耕地一天，那铃声深沉、持久地震慑一天。厉家老爷对此非常反感，但一忍再忍，没有咒骂。这种情况要换成别人，注定要被厉家老爷痛斥。

厉家老爷的猪四处糟蹋庄稼，忽一日，他家的猪来到我爷爷家里祸害，被我爷爷痛打并追到了厉家老爷的家门口，然后得理不饶人一顿斥责。厉家老爷面对斥责一时慌了手脚，理亏之际却也哑口无言，我爷爷胜利班师。

第二日，厉家老爷便向村里人发泄不满："那姓阎的，凶得厉害"。

从此，厉氏家族对阎氏家族说话做事也掂量着来了，不像过去根本不放在眼里。

梳理崖边的家族斗争史，这个事件，恰恰是阎氏一个外来户扎根崖边的标志。支撑一个家族在村中崛起的基础是经济，太祖父离世时，已在崖边置办土地100亩，修建房屋一大院。

解放前，我的爷爷阎兴堂由于思想激进，热衷于政治活动。为了防止自己的孩子被国民党抓壮丁，他参与过国民党的保安团。后来他加入中共地下党。解放前夕，他和其他地下党员将国民党保安团的枪支弹药悄悄埋于地下，配合当地和平解放。解放后，他参与了当地的政权工作。我爷爷的革命经历让我的家族具有政治上的先天道德优势。而厉氏家族家业庞大，阎厉矛盾在所难免。

厉氏家族按照排行，共有七房人。其中年龄最小的厉世荣继承了祖上的家业，其他兄长都分家另住，因而田产多、有雇工的厉世荣被评定为地主。产生了地主的崖边厉氏家族对新政权的不满，相当于就是对外来户阎氏的不满，因为阎氏从头到尾参与着政权政治工作，他们将对干部的不满也上升为对政权的不满。

厉氏人中，直到 1960 年，还有人对共产党有蔑称。不触及中国社会的最底层，就很难读懂中国近当代史，也很难理解"地富反坏右"这个词组的来历。有了对底层现实社会问题的认识，就更容易读懂中国的历次政治运动。

厉奉月性格倔强，他对厉氏家族被新政权评定为地主一直怀恨在心，故而终身反党。随后发生的一件事让阎厉两个家族结下了世仇。

阎作林是我三爷的儿子，据说当年阎作林在为生产队种谷子，他偷藏了一点谷籽，准备回家吃，但被厉奉月发现了。厉奉月说："三喜（阎作林乳名），宁可吃屎，也不能吃籽。"还将阎作林揪到我爷爷跟前论理。在这件事情上，显然是阎作林有错，而厉奉月抓住了阎氏家族有人犯错的证据咄咄逼人，将成年积聚的仇恨用阎作林藏谷籽事件作为了爆发口。两人激烈争吵。

我爷爷阎兴堂和我三爷不和睦，斗争了半辈子。但我爷爷对阎作林这个侄子还是多有偏袒。厉奉月常年观点偏右，而我的爷爷观点偏左，那年月政治形势总体偏左。为了赢得争吵的胜利，我爷爷最后以厉奉月常年反党为由将其举报到了人民公社。厉奉月被人民公社以"反革命罪"送到了县上，关押期间，遗憾地意外身亡。从此，阎氏和厉氏结下了巨大的仇恨。好在新的社会关系造成了家族的解体，厉氏家族的人对阎氏家族的人有仇恨，但他们自身也不团结，自己内部难以团结往往难以克敌。阎厉矛盾便一直没有爆发出来。

我的三叔阎武曾担任过崖边生产队会计，他回忆说："厉奉月是刀子嘴豆腐心。作为同村人，将厉奉月举报给公社是我爷爷一辈子所犯最大的错，有公报私仇的嫌疑。尽管他死于意外，但起因和我爷爷有关。"

不过我的家族中其他人一律不认为我爷爷有错，党员干部就应该维护党组织的荣誉，这是政治伦理，党的干部举报反党行为理所当然，这是党章、党纪明文规定的。

宋氏是崖边另姓人中较大的家族。宋氏一族人和厉氏、阎氏都有一些矛盾。阎氏和宋氏本来没有什么纠葛，但宋守忠和老婆佟氏离婚后，佟氏又和我三叔阎武成婚，引燃了阎氏和宋氏两个家族之间的仇恨。

困难时期，宋守忠的父亲为生产队上交公粮的过程中，死在了半路。据同行人讲，宋守忠的父亲由于长期饥饿，担粮的过程中，一次性吃掉了一天的干粮——荞面锅盔，是胀死的。其时全村人都陷入饥饿，上公粮这种公差需要重体力，故而才有了一顿能吃饱的荞面锅盔。但宋守忠的父亲长时间饥饿忍不住一口气吃完了一天的干粮，暴食葬送了一条鲜活的生命。当时，我的爷爷阎兴堂是石湾公社山庄生产大队的副书记，直接分管着崖边生产队的工作。宋氏一门人便诬告是我爷爷阎兴堂害死了宋守忠的父亲，前后写了28

份诉状。宋氏一族人认为和阎氏有杀父之仇，夺妻之恨。尽管仇恨的种子从此埋下，不断发酵，但一直没有爆发大的冲突。

阎氏由于我爷爷阎兴堂在解放后担任了生产队的干部职务，得罪了很多人。后来，我三叔阎武担任了崖边生产队的会计，我的大伯阎林当兵分配到天水地区工作，1950年代末期因说了老家饿死人的真实情况，在"反右倾运动"中被发配原籍，也来到了石湾公社。在崖边人看来，阎氏一族产生了"三级"（公社、生产大队、生产小队）干部，这引发了很多人对于阎氏家族的嫉恨。

1958年至1960年，通渭县爆发饥荒，崖边未能幸免。1960年上级政府派来了工作组，督查基层工作，特别是饥荒事件。1961年，我爷爷阎兴堂、大伯阎林、三叔阎武全部被关押起来，进行审查。我奶奶晚年回忆说："父子三人全部关起来了，把人吓死了，我给你爷爷做了一双新布鞋，等死着了。心想着这一次父子三个肯定要法办，肯定是死定了。"

我爷爷、大伯、三叔三人被关在一起，由民兵把守，不准见家人。他们一面接受工作组的审查，一面还要接受全村社员的批斗。我家族中人回忆说，当时全村人都在积极检举我爷爷等人的问题。厉氏家族举报我爷爷陷害了厉奉月；宋氏家族举报我爷爷害死了宋守忠父亲、检举我三叔抢走了宋守忠的老婆；就连和我爷爷一起搭班子的生产队干部也检举我爷爷的人格道德有问题，说我爷爷是"糜面嘴，豆腐心"，意思是嘴甜，但人心不可靠。全村人将各类问题一股脑倾倒出来，目的就是要将阎氏家族的三名干部统统法办。

但工作组将阎氏三人关押了15天，批斗了15天之后，出人意料地放了。原因是崖边人所反映问题没有一件能够落实清楚。饥荒事件是全国刮"五风"导致粮食过多上缴出现的结果，非小小的生产队干部所为；厉奉月意外死亡在通渭县，非阎兴堂迫害致死，阎兴堂检举他发表反党言论并无过错；宋守忠父亲死亡的真正原因是由于长期饥饿，暴食荞面锅盔引发的；阎武抢走宋守忠老婆的事情更是无中生有，因为佟氏乐于和我三叔过日子，属于自由婚姻；至于生产队干部反映的问题只能当做民主生活会同事之间为了促进工作开展的批评发言。

1961 年，阎氏父子三人尽管没有被法办，但阎兴堂和阎武都被革职，阎林回城工作。1964 年，我爷爷阎兴堂因病去世。同年，阎武再次复出，担任了崖边生产队会计，直到改革开放初期。2004 年至今，我的大哥阎海平又担任了崖边行政村主任职务。阎氏从解放以来，基本上一直有人担任村里的干部职务。

随着时代的发展，族群之间的裂痕和明争暗斗依然存在着。过去的仇恨在时间的推进中隐形延续，但毕竟时代已经发生了深层次的变化，人与人、人与社会之间的交往、交流变得更加开放，市场经济条件下人的各种社会交往更加频繁，封闭环境下形成的族群矛盾已很难再掀起大的波澜。因为每个族群自身也早已分化、破裂。大家的利益诉求变得更加多元，很难再形成几大家族或派系的勾结互斗，所有的斗争基本以户与户的局部矛盾细碎化、单一化而出现。

"伙子里"

现代社会，人与人的交往多以交易主宰，货币、价值、兑换须臾不可离。但乡土中国，还保留着千百年来形成的互助合作机制。在陇中大地，人们将这种社会关系称作"伙子里"。"伙子里"以一个村或者多个村构成，按照互助原则，村里的每个人都要为"伙子里"担责任尽义务，"伙子里"的每个个体都能得到"伙子里"大家的帮助。在婚丧嫁娶、建院修房等个体无法完成的大型劳作面前，"伙子里"的人前来帮助，问题迎刃而解。接受大家帮助的人不需要向施救者兑现货币，只要管好饭菜酒肉即可。"伙子里"的所有成员都遵守这个不成文的规定，人们在"伙子里"长久地开展着合作互助。崖边的"伙子里"，正是邓英淘所说的"互惠机制"[1]，是乡村维系社会和谐稳固的一种古老机制，也是农村公社共同体的遗产。

---

1. 杨莹录音、整理，王小强访谈、查书：《邓英淘：为了多数人的现代化》，26页（香港传真 NO.2012-1）。

改革开放后，基层政府弱化了对农村的管控，封建迷信也卷土重来，崖边的迷信活动从 1990 年开始愈演愈烈。借助迷信活动，厉氏家族的强硬派为了开展族群斗争，发起了分"伙子里"运动。

厉氏家族认为，外族进入崖边，在资源占有方面对厉氏家族构成了威胁。分"伙子里"，就是要将崖边所有外姓人全部排挤出"伙子里"，相当于宣布厉氏家族的人不再和其他宗族的人有互助关系。比如阎氏一门人，对于厉氏家族来说，尽管同住一村，但要形同陌路。

分"伙子里"计划蓄谋已久，但始终没有正式的场合来宣布或是实施。早在改革开放前，崖边基层政权还会召集全部社员召开大会议政商事，但改革开放后，村级组织几乎成了"聋子的耳朵"，村民完全失去了组织约束，村里重大事项的决议只能在敬神或是村民婚丧嫁娶的聚众场合进行。厉氏家族分"伙子里"的方案一直在寻找合适的发布机会。

1992 年正月，崖边村搞了一次社火表演。按照传统，社火开演要请神，社火谢幕要送神。社火表演就是为了敬神，祈求神灵保佑来年五谷丰登。就在当年社火表演结束后，厉氏家族的厉强（厉奉月的四儿子）借助送神的机会，正式宣布崖边的"伙子里"不再容纳另姓人。这意味着厉氏强化了自己的宗族地位，而阎姓、宋姓、孙姓、王姓、佟姓等较小宗族必须重新组合自己的"伙子里"。但即便这些较小家族联合起来，总人口依然无法达到厉氏家族的数量。厉强等人看准的就是这一点，决定以大欺小，以强欺弱。

送神仪式很庄重，头人在前，行奠酒奠茶敬香化表之礼，全体村民叩头跪拜，之后将神灵的牌位用木制盘子端到路口，点火焚烧即算完成。此时，厉强突然走向人前，发表了慷慨激昂的解散崖边"伙子里"动员令。厉氏家族的青年人厉来务闻听后突然发生异常，一跃而起跳上了供奉神灵的桌子，做起了神样，说起了神话，陇中当地管这种表现叫做神灵附体。但到底有没有神灵附体呢？肯定是没有的，无非是人在借助神力达到人的目的。厉来务坐上供奉神灵的桌子直接反对分"伙子里"，他时而口眼歪斜、时而念念有词，后来还表演了单腿立地，他的作为征服了众人。厉强见状当即表示不该分"伙子里"，并在神灵（厉来务）面前做了忏悔。厉来务越搞越来劲，直到厉强被彻底征服不断求饶才罢休。原本子夜时分结束的送神仪式直到天光放亮才完成。

崖边的社火表演队伍是在人民公社解体后，村民获得政治生活自由权力，几大姓氏家族的挑头人出面共同民主商议决策建立的。社火本是民俗表演，但被敬神拜鬼的行为绑架，与封建迷信深深关联。受分"伙子里"事件影响，崖边的社火表演第二年即宣告灭亡。

厉来务和厉强同属于厉氏家族，按辈分，厉来务应该叫厉强叔叔。但厉氏人口庞大，几经分家，大家族已经分化瓦解，他们之间已渐渐没了亲房的亲密感。厉强的儿子当兵留在了部队，比较有出息，厉强便变得傲气了起来，他一心想做厉氏家族的头领。但厉来务个性强烈，年轻气盛，根本不服气厉强做统领，便在厉强分"伙子里"的事情上作梗。厉来务尽管年轻气盛，但对于整个家族中长老集体达成的复兴厉氏家族的共识，显然也无力反对，他便有了神灵附体的做法，彻底阻挠了厉强分"伙子里"的阴谋。厉来务这么做的目的，本质上不是为了挽救崖边"伙子里"不被解散，而是为了挑战厉强崭露头角想做厉氏家族头领的权威。

　　"伙子里"本来是互相帮助、互相依靠的村庄共同体，不存在利益纠葛，只是一个人类谋求向善、长远发展的共助模式。厉强仗着家族人多势重的优势，想欺压村中人口弱小的家族，他的计划还没有付诸实施，就遭到了家族内部的新兴少壮势力的粉碎。当年如果真的把"伙子里"分开的话，崖边人口较少的家族联合起来重新聚合一个"伙子里"依然能够运转正常的婚丧嫁娶等事宜。反倒是厉氏家族内部的勾心斗角一直未能停歇，如果没有了外姓人与厉氏家族成员间的互相来往，厉氏家族只会更加纷乱。厉来务在1992年所做的神灵附体行为显然是得人心的，是符合所有崖边人利益的。

　　厉氏家族强硬派分"伙子里"的愿望一直没有破灭。2014年春，厉强的大哥突然闯入我父亲家中发出"通牒"："我们厉家弟兄死了以后，你们阎家弟兄都不要来，你们阎家弟兄死了以后，我们厉家弟兄也不会来。"但2014年清明节我回家时，厉强的三哥依然来我父亲家里作客。厉强大哥的"通牒"显然没有得到家族中所有人的响应。

　　改革开放后，土地经营由过去的集体化变成了分田单干模式，政治治理也发生了大的改变，家族矛盾从集体化的大框架中跳出来，变成了户与户的对立。每个经营主体都以维护自身利益最大化为要，和之前在大集体里保障人人平等的前提下谋求本族群利益最大化有了根本区别。包产到户无疑分化了家族之间的矛盾，而更加易于形成户与户之间的矛盾。

血 案

2009 年夏收时节，一个安静的下午。崖边人正在投入繁忙的生产劳动。绿意覆盖的村庄突然被几声呼救的尖叫声打破。

村民厉来务的头部被厉进用发动三轮车的"摇把"凶残击溃，鲜血淋淋。厉来务瞬间倒地。厉进握着"摇把"随即开始追打厉来务的三哥，厉来务三哥两手抱头，敏捷躲闪，只有一只耳朵受伤。他捂起流血的耳朵赤脚狂奔，顺利逃脱。厉进追打未果，又返回到了厉来务身边，抢起"摇把"又重重击打了几下，厉来务彻底无力地瘫在了血泊之中。发现这一暴戾场景的村民惊慌失措、六神无主，一时之间忘记了该怎么办。等更多的人聚拢而来时，大家才想到了抢救厉来务。

厉来务身边是一辆三轮车，架满着刚收割的小麦。三轮车被卡在两堵墙之间，一堵墙是农业合作社以来的老墙，另一堵墙是厉来务新筑的。这里原本是宽阔的村巷道，自打厉来务为加宽自己的院落筑起这堵新墙以后，这里变得异常窄小，三轮车、手扶拖拉机再也不能顺畅地通过，特别是拉满庄稼的车辆更是举步维艰。

看着厉来务倒在血泊中无力动弹后，厉进径直走向了自家的水窖，他摘掉头上的破草帽，扔掉手中的"摇把"，掀开窖盖，一头扎了进去。

三轮车的主人是厉进，车上刚收割的小麦也是厉进家的。厉来务是在为厉进帮忙助工。据知情人讲，厉进头一天就想去山上拉回收割完毕的小麦，但三轮车开到地里就下起了雨，他只能将车扔在地里，人先回到了家中。第二天，他叫上了厉来务帮忙拉麦。

厉来务被重重殴打后，大脑随即昏迷，但呼吸正常，家里人将其送往定西市某医院救治，但抢救了一个月，最终不治而亡。抢救没有出现奇迹，倒是欠下了数万元的债务。

被打的人死了，打人的人也死了。活着的人还要持续斗争。厉来务的族人找到了厉进家，要求支付抢救人命的钱，而厉进家族的人一口咬定自己的人也死了，没钱给你。两家人掩埋完死人后，投入了旷日持久的斗争。公安警察担心出事，多次出警调解。后来两家诉诸法院，法院判定厉进家人赔偿厉来务家人 3 万元了事。

陇中之地穷乡僻壤，向来以民风淳朴著称。在崖边所生活的更是一群面朝黄土背朝天，与世少争虚利，恬淡寡静只求风调雨顺、五谷丰登的子民。崖边几个较大家族都在暗地里互相较劲，明面上倒装得若无其事。也有一些家族斗争演变成正面冲突甚至互相动手，但从没有发生过恶性案件。时间一长，冲突双方的仇恨自行化解，交流照旧进行。时间进入 2000 年之后，两极分化加剧，人心浮躁，心理失衡，人与人之间的友情变得越发脆弱，人与人的矛盾很容易上升为冲突。崖边很多人进城谋生，留下的多是老弱病残，团结、合作、友善的风气变得越来越惨淡，仅剩的一丝纯朴民风终于在这场血案中轰然崩塌。村庄人心浮躁、利欲熏心、恶念丛生的内在危机被离奇命案揭开。

这起离奇的血案是偶然的，但这偶然背后隐含着必然性。因为这起血案，充分反映了社会基础结构的裂变，也让人看到了礼治崩溃、法治难张的重大问题。

中国封建社会持续两千多年，儒家思想深植人心。修身齐家治国平天下的教诲，成为高居"道统"的追求，江山变换了无数次，但儒家一直主宰着中国人的思想。许倬云认为："儒家所关怀的对象不仅是国家的公民、国内人民的福祉，也有人类全体的福祉，这是普世和永恒的价值观念。"[1] 儒学在否认阶级、否认阶级斗争的观念中，是维护社会稳定的有力工具。

五四新文化运动打倒孔家店，儒家思想受到了很大的冲击。到新民主主义革命胜利、新中国成立，以马列主义为核心的共产主义思想在中国得到了广泛传播，且渗透在了社会生活的方方面面。特别是人民公社的建立，集体观念在农村社区深入人心。这种大洗礼，刻骨铭心。我为人人、人人为我，个人利益必须服从集体利益。

我在 2010 年春节与村民厉劝仁聊天时，他偶然给我讲了一个故事。他说，1970 年代，他和阎琪到公社粮管所交公粮，由于人多，他们两人需要排队等候。一直等到中午，吃饭的时间到了，公社所

---

1. 许倬云：《许倬云说历史：中西文明的对照》，55 页，浙江出版社，2013 年。

在的集市有饭馆，但要掏钱，他俩都没有钱。当时他建议卖掉一些公粮，去换饭吃，但阎琪说，那不行，这事情绝对不能干。就这样，他俩一直忍着饥饿，交完公粮已是傍晚，赶回崖边已是深夜。2010年，阎琪已经去世五年。厉劝仁评价说："阎琪是党员，他坚持要守规矩。"

阎琪不识字，但对古法尊崇，对自己成为共产党员更感荣耀。他心中神圣的道德意识主导了他的道德情操。这既有传统儒家思想对他的影响，也有集体主义至上原则的熏陶。

人民公社解散后，集体化瓦解，土地承包到户。名义上是统分结合的经营机制，实则集体的作用微乎其微。有了千家万户的商品交换，人与人之间的利益关系自然愈发复杂。儒家影响已经失去效力，共产主义信仰也比以前减弱，人们的信仰出现了真空。儒家的"仁义礼智信"现在可以一点不讲，"我为人人、集体利益第一"的原则信持者不多，大家多讲自己的利益最大化。以我为中心，互不相让，矛盾的诱因在不断增加，人与人之间的信任、友好在不断减少。乡民之间，因为一只鸡或地边的一棵树，都会大吵特吵甚至大打出手。特别是市场机制作用下，人与人的贫富差距逐步拉开，心理平衡也被打破，你过得好大家羡慕嫉妒恨，你过得不好，大家瞧不起你。包产到户后，村庄姓公的产物实在少得可怜。只有村庄通往外界的道路和无法耕种的沟坡地以及河谷是姓公的。但这仅有的公物也在逐渐被村民蚕食，每户人都把靠近自家地头的属于公共的地块，想尽一切办法开拓为自家的田地。这样的做法持续了30年，导致的结果就是农路越来越窄，边沟坡地越来越少。

崖边纯朴民风和社会风气的蜕化反映在具体的案例上：阎琪和

厉劝仁在合作化时代为了给生产队上缴公粮，可以忍耐一整天的饥饿；而厉来务和厉进因为一些个人小矛盾，却能发生要命的冲突。

东家请人帮忙助工，却又痛下黑手致对方于死地。厉来务被厉进殴打致死的离奇案件成了一个无由无头的谜，连侦破案件的公安人员也无法推断出合理的起因。

事发前，厉进和厉来务并没有发生过不愉快的事情，更无争吵。对于这个离奇案件，村民有几大说法：一说厉进出事前精神恍惚，可能是"犯病"打人；一说厉进拉麦过程中，由于三轮车被厉来务筑起的土墙阻挡难以前行，遂产生仇恨将其殴打；一说厉来务之前设赌局赢走了厉进儿子厉旷斌的好多钱，厉进心生恨意，遂起杀心。三种说法中，后两者最为可信。

事发前的每年正月，厉来务都会设赌局，和外出打工回乡的青年聚众赌钱。除了赌钱之外，厉来务平时还飞扬跋扈，经常扬言要殴打与自己关系不好的人。他在自己庄院周围圈占村集体巷道，造成道路拥堵，使众人行路难，村民看在眼里，气在心里。2003年崖边拉电过程中，厉来务作为头人之一，把持账务、拒绝公开。由于他霸道的性格，无人愿意与其争理论道。

厉来务死后，厉来务的妻子留下15岁的儿子给厉家传宗接代，自己带着13岁的女儿远走他乡改嫁。厉来务的父亲遭受重大打击很快离世，只剩下厉来务的母亲带着未成年的孙子艰难度日。厉来务的三个哥哥围绕抢救厉来务时欠下的债务和厉来务留下的电磨、拖拉机等遗产，陷入了关于承担债务和继承遗产的争斗之中。

据我的大哥阎海平讲，有一天深夜，石湾派出所所长给他打来电话，说厉来务的两个哥哥发生纠纷，砸了老娘的家。时间太晚，派出所一时赶不来，让阎海平了解一下情况，如果问题不大，派出所第二天再来人。

凌晨一点多，阎海平爬起来，赶到厉来务家里，只见大门破碎，满院狼藉，厉来务老母吓得哆哆嗦嗦。矛盾起因依然是厉来务死后的遗产继承和账务纠纷。阎海平当夜看着事情已平息，大概安置了一下便给派出所做了汇报。第二日，派出所人员前来处理报案，阎海平再次陪同干警来到厉来务家中。清官难断家务事，干警和阎海平只能调解劝和。骨肉亲情面对利益纠葛大打出手，人情人性早已不见了踪影。

2012 年，我采访大锅饭时代为崖边做饭的老人时，见到了厉来务的母亲，我深知老人心里的伤疤，只字未提她老年丧子的事，但她依然难掩内心的痛楚，不住地感念自己活得艰辛。她最最挂牵的就是厉来务留在这个世界上唯一的儿子。

厉进只有一个儿子，厉进自杀时，其子厉旷斌刚满 20 岁。父亲死后，他带着母亲远走外地打工，再也不敢来到崖边。厉进用两个女儿出嫁时获得的彩礼，刚翻修了新房，购置了三轮车，原本打算好好过日子的一家人遭遇偶然事件被迫背井离乡。

本是同根生，相煎何太急？

厉进和厉来务原本是同族人，但巨大的仇恨直接上升到了消灭对方生命的高度。厉来务的几个哥哥本是骨肉同胞，面对白发苍苍的老娘和弟弟留下的未成年儿子，他们非但没有伸出援手，反而在互相争利。紧步宗族斗争后尘的是个体之间的冲突，比宗族观念瓦解更可怕的，是人性私欲的不断放大。

"修身齐家治国平天下"的价值观，造就了中国历史家固邦安的政治模式。对于传统中国而言，中国在乡村。乡村内部结构中，家族举足轻重。我们曾是"五世同堂"的中国，今天家族内在的分化，正是历史裂变的真实部分，也是中国裂变的明显呈现。历来务被同族人殴打致死的惨案说明，新世纪的家族已失去了凝聚力和向心力。导致家族分裂的原因除了人的冷漠无情和缺乏包容外，整个时代重利忘义的社会环境更是主导因素。在崖边的所有家族中，家族分裂都是由赡养老人、婚丧嫁娶、鸡毛蒜皮的小事导致的。各家族形成分裂的原因大致是一样的。家族内在的分化，直接消弭了家族矛盾的深化和形成。

分析 21 世纪新乡土中国社会结构，新的社会生产关系让宗族概念淡化，宗族意识降低，这无疑是中国社会近百年激荡变革之后形成的具有特殊时代特征的历史表现。家族概念和宗族意识的瓦解，形成了人与人相互交往的新的社会关系，这足以证明中国社会结构已经发生了深刻的变革。

国学大师南怀瑾在一次演讲中说："我们后来研究历史（自己的）发现一个阶段一个阶段的演变，一开始是道的阶段，慢慢人口变多了，社会繁华了，但不能说社会进步了，因为所谓的'道'退步了，变成了'德'，道以后才有德。如果我们把几千年的历史画成一个表格，什么时间是道的阶段，什么时间是德的阶段，很难划分开来。德过了以后，社会的演变，人类的发展，对于性情的道理更找不到目标了，同我们现在一样，一路茫然下来，这个时候开始有仁义。儒家孔孟之道讲仁跟义，社会再接着发展下来，到后来仁义也不行了，就变成礼治，由礼而形成法治，也就是政治体制。社会的风气就是这样演变，礼法以后一直延续到现在。"[2]

中国近 60 年的历史成了礼治急剧崩溃最明显的时代。在礼治崩溃的前提下，新的治理模式需要及时跟进。但现实情况是：农村法治难张。史学回顾中国统治历史是"儒表法里"，但崖边落后小村的历史基因里，道德传统更胜一筹。美国林肯总统说过："法律是显露的道德，道德是隐藏的法律。"意在表达道德和法律的互补作用。

在崖边，很多人大字不识，法律对他们而言是天书。法律宣传、法制教育与村庄断层、割裂，大家从来不想知道什么叫法律，法律能干什么。即便年轻的一代，也很少获知法律的事情。一旦矛盾产生，上升为冲突，很多人首先想到的是诉诸暴力。比如厉来务被厉进殴打致死的案件，法院判决厉进一家赔偿厉来务一家 3 万元，但厉进的儿子厉旷斌逃避不给，陷入执行困难。厉旷斌某年悄悄来给父亲上坟时，厉来务一族人赶忙告知法院，法院派人强制执行。厉旷斌的舅舅目无法纪，殴打、扣押法警，险些又闹出了一茬事。

民主法治在礼治崩溃后不能及时跟进乡村，或者说民主法治难以替补礼治崩溃，导致乡村治理出现了空谷。这不仅不能教化乡民增进文明，走向文明社会，而且也影响了基本的稳定。

在一个人人尊崇道的社会，用道裁决冲突，远比一个弘扬利却

---

2. *南怀瑾讲述：《谈文学与修养》，参阅文稿 NO.2014 ~ 3。*

用法裁决冲突的社会更容易治理。道德天下的国度，治理远比法治成本低廉。梳理崖边近 60 年礼治沦丧、法治空谷的现实案例，有助于我们思考新乡土中国乃至整个中国社会的政治、法治制度建设。

乡愁之愁

在崖边，几乎每月有一个节庆。为什么呢？我曾认真地问过我的母亲。她说："因为过去的人太苦了，为了吃好吃的，找个过节的借口，就能吃一顿。"

"陇中苦甲天下"，母亲在 1960 年险些饿死，她的一生和饥饿联系紧密，她的生命哲学就是为了吃饱肚子而不停地在土地上耕耘劳作。几乎一月一个节日，除了祷告风调雨顺、五谷丰登外，所谓节日的意义就在于利用庆贺的名义吃一顿好吃的食物，这个答案似乎真的能解释得通我的问题。毕竟，为了过年，李自成曾把到手的江山都给"吃"掉了。

每一个民族、每一个地区都有各自的民风民俗和礼仪规范。民俗和礼仪既体现个人道德情操、思想水平、文化修养和人生境界，更体现着个人在社会生存中的交往能力和为人态度。人类的所有礼仪、民俗都源自向大自然祈求保佑、趋利避害的仪式。每个地区的民俗礼仪都是经年积习而成的，在崖边这样的小地方，民俗文化和礼仪也是自成体系。在中国现代化大变革的进程中，崖边的民俗礼仪有的在淡化，有的甚至在消亡。

过年是全中国人最隆重的节日，崖边也不例外。过年最隆重的事情，莫过于祭祖。中国在商代时，领袖的主要任务就是请求先公、先王作为人神之间的媒介，向自然力量祈求保佑，避免灾害，这反映出了对祖先的崇拜。

中国古代的祖先崇拜，可以说是从死灵崇拜发展而来的。这一转化，必须有对于家族血缘的认知和观念，才能经过家族系统，回头去祈求祖先的保佑。家族观念能够存在，必须有稳定的传承。农业村落，尤其是在掌握水利之后，不必经常开发新田地，就形成了在相当长的时间内安土重迁的小区域。也是在这种安定之中，一个家系的长期传承才成为可能。

有了祖先崇拜，显然，也会有对于传统的尊重，凭借宗族和婚姻关系延伸出的网络，也成为链接、合作的系统。于是，家族伦理和尊重传统这两个观念，数千年来建构为影响中国人行为的价值尺度。[1]

祖先崇拜是崖边人生存程序中仪式感最强的标志性符号。记忆中，每年祭祖的时候，整个家族的人都要来我家参与祭拜。由于父亲在兄弟之中排行最小，奶奶晚年生活在我家，所以祖宗的神位也都在我家里。腊月三十的下午，二叔最早会来到我家，拿来纸张、

---

1. 许倬云：《中西文明的对照》，32页，浙江人民出版社，2013年。

香、蜡等用品。他和我父亲一边聊天，一边把各自准备的纸张折叠好，用铁制锐器在一沓沓纸张上打出半圆形的花纹，就成了纸钱。据说纸钱一定要打透，否则就是假币，阴间会拒收。二叔是我家族的掌柜。按照农村的规矩，家中管事的人应该是最年长的一位。我大伯阎林1949年参军留在了城市，他的缺位，二叔顺理成章地掌管了家中事务。

一切准备妥当，临近傍晚时分，全族人都会到齐，然后开始请"纸"（即祖先神位）。所谓请"纸"就是把弄好的纸钱，给每位死去的人分一沓，置放于饭盘中。由族中长幼次序不等的人分别端上饭盘。来到村口，将祖先的灵魂请回屋内。纸钱成了祖先灵魂依附的载体。整个请"纸"过程很庄严，大人们个个神情凝重，但孩子们一个个嬉皮笑脸。孩子们最开心的是这个时候可以合法地大放花炮，体味烟花爆竹爆裂时的欢乐。

我的家族正月里祭奠祖宗是三天。从腊月三十请进来，一直到正月初三送掉。送"纸"前，要将条桌上供奉的纸钱按之前分好的单位进行细分。由于之前纸张为了打出半圆形花纹，已深深重叠，现在要一页一页分开。传说分不开的纸钱是失效的。每个先人的纸钱不能混合，必须严格分开。这可能是人间"亲兄弟明算账"的写照吧。纸钱全部分好，再装入饭盘。依旧按照长幼次序列队出发，到请"纸"的地点将所有纸钱烧光，就算送掉了先人，好似死魂灵来人间作了三天客。

2000年以后，我家族中有很多人在外地工作或者打工，过年也不回家，家族成员祭祖的人数严重下降。特别是2005年二叔去世后，正月祭祖时，除了父亲和大哥阎海平以及极少数堂兄外，其他人很少积极参加，再也见不到数十人一同祭奠祖先的热闹场面。这一方面反映出现代化的生活观念冲击了中国固有的传统文化；另一方面，也是时代变迁后，家族分化、分离，失去凝聚力和向心力的典型标志。

过去崖边人祭祖期间，各姓人家的男子相互走动、串门时，进入对方家里的第一件事就是给对方祖先下跪磕头，逝者为大的礼数备受尊崇。村庄内部人与人的交流互动似乎是全天候的，不受任何约束制约。这种走动能够沟通情感、促进社区融合。但这种习俗正在日渐消失，即便同族同胞，都减少了走动。村民的闲暇时间被电视机抢占，很多人瞅着电视机一看就是大半晚上，根本懒得再去串门聊天。

与祭祖不同，葬礼作为祖先崇拜的组成内容，不但没有衰退弱化，反而变得攀比盛行，越发奢靡铺张。即便是不孝敬老人的子女，在老人去世以后，也要大操大办葬礼，一面彰显自己对老人的"孝敬"，一面体现自己的面子。

按照旧俗，过年期间，每户人家都要走亲访友。"外家"[2]是最主要的走访对象。家中的人去走访自己的"外家"，自己家中也会迎来女儿和外甥。村庄父系社会的特征尤其明显，亲情关系网络围绕着父系结成。

传统观念中，女人出嫁之后就如同泼出去的水，原本血浓于水的血缘关系淡化为亲情关系。从走亲访友的这个社会形态中，会给人带来很多遐思。一个女人远嫁他乡，一年之中只有逢年过节才会

2. *母亲家族的亲人。*

回娘家。千千万万个村庄因了女人的这种远征式出嫁而繁衍了乡土中国。细细思索，一个农村女人的一生充满悲壮。今天，随着城市化的推进，男女平等正在不断提升。在城市，过节同样要走亲访友，但女方家族是"外家"的概念已基本没有。有的年轻家庭的主权外事甚至以女方家族为核心展开。如同入赘婚姻，男方缺少主权，委身于女方是从属地位。有研究甚至说，春节过后是离婚高发期，因为春节期间，年轻夫妻会因为过年到底去谁家而容易产生矛盾，导致离婚。

社火是庆祝春节最盛大的娱乐活动。一个村庄能否组建一支组织严密、节目内容丰富的社火队，是村庄是否团结和谐、是否具备凝聚力的具体体现。在我的记忆中，崖边只搞了三次社火表演。崖边的社火要和周边陇西乡村的社火进行交流会演。崖边的社火队去别村演出时，只有年龄较大的青壮年才会出去，我那时是小孩子，大人不让去。我们小孩子只能等到崖边主办演出的那一晚，才能一饱眼福。舞狮、耍灯、唱小曲，锣鼓喧天灯火通明，可谓一夜狂欢。非常遗憾的是，崖边的社火表演因为掺杂了封建迷信内容引发了家族斗争而在 1992 年戛然而止。

社火表演活动停止以后，风靡崖边的活动就是赌博，几乎每年正月，随着打工人群返乡过年，赌博都会成为过年期间好赌之人的主业。

1999 年以后，在一些喜欢打篮球的年轻人组织下，崖边偶尔会在过年的时候开展篮球运动会，邀请周围村庄代表队前来比赛。崖边的球队也会到别村参加比赛。篮球成了新时期凝聚崖边年轻农民开展文娱的途径，成了繁荣乡村文化唯一健康有益的载体，但还是难以转移赌棍的注意力。

正月是民俗礼仪、传统规范最多的月份。总体而言，过去过年只是为了盼到年关能吃好喝好，而如今的中国人，不论城乡，温饱都已解决。故而，过年的热情和趣味已大大降低。特别是市场经济主导的物质消费和文化消费的越加繁荣，人们对古老节日的热情大减。

二月二是年后立春以来的第一个节日，这个节日是整个中国北方都过的节日。我的记忆中，崖边人过二月二的民俗首先是能吃到炒好的豆子。印象中，天一亮，母亲已炒好了各种豆子，并用针线将其串起来，像一串串"佛珠"。我刚记事的时候，妈妈会串好几串"佛珠"，分别分发给二哥、姐姐、我，当时大哥好像已经长大成人，没了享用"佛珠"的资格。在我们家，孩子都长大了，妈妈也一天天老了，再没了过二月二必须炒豆豆的热情。我的大嫂作为年轻一代，对炒豆子这种过节的事好像不怎么热衷，和她一样的所有年轻一代人都淡化了过节意识。

和过年、过二月二一样，崖边人对端午节的折柳系花线、腊月初八的打冰看花等民俗活动也都在日渐冷淡。

祈求风调雨顺、五谷丰登与庆贺节日好好吃一顿，都和生命的延续有关，也正是崖边严酷生存条件下的生命繁衍形成了崖边人自己的生命特征和文化意义。诸多的礼仪和民俗文化，也是稳固社会秩序的价值基础。我离开崖边逐渐脱离了崖边诸多的礼仪、民俗活动。而物质富足之后，留守在崖边的人们也逐渐淡忘了节日的民俗意义。在考量民俗礼仪稳固社会秩序的价值之外，无疑还有文明的传承意义。中国上下五千年的文明，乡土世界是毋庸置疑的承载器，乡土文化和乡土民俗的衰亡，必然会波及华夏文明的传承，这也是很多人呼吁挽留乡土，挽留乡愁的原因所在。

困
局

CHINA
IN
YABIAN

弱化的政治

1998 年,石湾乡政府派来干部协助驻村干部为崖边村加宽农路。

这条农路的加宽从村外一路蜿蜒而来,一路都是占用农田顺利推进。但工程进展到崖边村村口时,村民厉茂和厉忙兄弟俩的两口已经作废的水窖死活不让填埋。路左不让填水窖,乡村干部便在路右面占用厉文的土地加宽农路。这一年的加宽工程全由人工实施,很多坡地、沟渠地段人力根本无法完善。过了一年,乡政府又派来推土机为崖边加宽农路,当隆隆机声来到村口时,厉茂兄弟还是不准填埋水窖,而厉文在上次让出土地后,这次坚决不再退让。村民与村民、村民与村干部,相互吵得不可开交,但共识始终无法达成,推土机只能返回。

崖边通往外界的农路是 1968 年以来,全体村民在生产队长的组织下,经过好几年的努力修通的。人民公社时期,农村土地集体所有,修建农路的过程不存在补偿的问题。包产到户后,农民个体维护自身利益的动力增强,公益设施的建设也受到干扰。在农村修建农民自己行走的道路，占地问题的解决很难建立完善的补偿机制。如果在全国两百多万个村庄建立农路修建的补偿机制，只能导致农路修建的不可能或者难推动。在这个基础下，崖边村农路修建在进村的最后 100 米遭遇"肠梗阻"，体现了个别村民的自私（因为，即便是农民注重私有产权维护的新时期，这条农路在两次加宽过程中，一路占地数十亩，很多人都没有声言补偿）；另外，也体现了村庄治理中政治力量的弱化。

2013 年，崖边的农路列入国家项目实施水泥硬化，个别村民因为水路问题，对工程进行了干扰。加宽农路、硬化农路过程中表现出来的公意缺失，只是乡村公益建设中的一个方面，在诸多事关全体村民利益的公益性事业中，崖边村民都表现出了类似修路过程中的短视和不团结。

行政村党支部和村委会失去领导效力的原因是"两委"逐渐退出村民政治生活导致的。

1949 年至 1980 年，中国农村经历了土改、合作化、人民公社运动。这些运动每一次都会触及每一个农民的切身利益，利益格局的每次变动都会震荡人心，这样的变革性政治，没有强有力的组织能力、实施能力是万万不可能实现的。

从建国起到改革开放，崖边一直是以一个生产队存在的，生产队是当时最小的生产单位，在"政治挂帅"的年代，生产队是共产党执政的最基层，是行政权力的最末端。那时候的崖边，生产队队长有至高无上的权威，生产队的管理极其严格。社员每天上工，几乎不能离开村庄，即便有要事离开，必须向生产队请假。崖边生产队时期的青壮年劳动力到 2010 年前后都已是垂暮老人，一些老太太在 2010 年回忆时说："干活要拼命，一不注意队长就会咒骂，队长喊一声，大家都会害怕。"从 1958 年到 1978 年，整整 20 年时间，生产队领导班子对村庄的管理完全是家长式的、专制式的，但公意的行使还是有所作为的。1978 年改革开放后，公社解体，农地包产到户，全国各地农村生产队解散。政权几乎退出村治，公意逐渐缺失。

崖边在 1982 年完成包产到户，行政区划和政治架构的变化也在当年完成。崖边成了新的行政村，共设领导职数 3 名，分别为党支部书记、村主任、文书。改革开放后，所有的农民都操心自己的土地作务，乡村政治明显松懈，公务活动大为减少。

农民从大集体中解脱，变为单打独斗的"小农"，每户农民成了一个经营主体，在同一个村庄生活的人因为资源占有、生产交易、生活交往而引发冲突的几率大为增加。比如宅基地地界纠纷、土地地界纠纷、牲畜扰乱庄稼导致的纠纷，越来越容易发生。特别是公社解体后，政权放松对村民管束的同时，也放弃了对村民在政策、法律方面的教育培训。村民的自由主义情绪逐渐滋长，国家政策、国家法规、礼仪民俗对村民不能完全起到应有的约定、规范和限制。因为利益纠葛发生的矛盾和冲突不断增多，但只要不酿成大的事端，小冲突基本都能自行化解。如果矛盾上升，必须要行政村党支部书记出面才能处理，一开始书记出面还很管用，但到后来，村党支部书记的话已无人愿听，他的调解经常以失败告终。

在 1982 年至 2003 年，村"两委"班子最大的公事就是帮助乡政府催讨公粮和收集摊派款以及抓计划生育。

在催要农业税款的事情上，村干部承担着艰巨的任务。每年夏收结束，崖边村党支部书记廉效仪就会戴上墨镜，夹上小皮包，披着旧风衣，带领村班子成员，在每个自然村召开会议，下达交粮交款的任务。上世纪 90 年代，上粮交款的任务每年都在递增，尽管大多数人不敢拖欠，但总有个别人会拖欠农业税款。那些拖欠皇粮国税的人通常是家徒四壁、生存都很困难的人，乡政府也拿他没办法。后来乡政府将欠费的人一律召集到乡政府所在地，开展加宽街道的义务劳动，最后免除税费。

除了催粮要款和计划生育两项工作外，村干部基本与村民脱离了公务上的接触和交往。村干部的威信也越来越差。改革开放以来，崖边村党支部没有发展一名党员，党的组织生活也彻底中断，政权末梢已出现了严重的"空岗"。直到 2003 年，这一状况才得到改善。

韩毓海在《五百年来谁著史》一书中对黄仁宇赞扬毛泽东颇为欣慰。认为黄仁宇虽然有国民党的背景，却赞扬了毛泽东时代新中国的成就，在那个冷战的年代，黄仁宇能坚持这样的观点是非常不容易的。[1]

过去的中国近百年史，过于注重上层结构，很少涉及低层。[2]……毛泽东和中国共产党改革了中国的农村，创造出一个新的低层结构，使农业上的剩余能转用到工商业。[3]

1.韩毓海:《五百年来谁著史》，142、143、150 页，九州出版社，2009 年。
2.黄仁宇:《资本主义与二十一世纪》，454 页，生活·读书·新知三联书店，1997 年。
3.黄仁宇:《资本主义与二十一世纪》，478 页，生活·读书·新知三联书店，1997 年。

基层建设是政权的根基。基础不牢，地动山摇。这句话在中共党建工作中从中央到地方都会广泛引用。共产党从革命斗争到社会建设，胜利的源泉就来自基层组织。合作化解散、村集体瘫痪、村民失去组织，就会重新回到"一盘散沙"的状态。

无神论者的沉默

随着包产到户以后基层组织的弱化，封建迷信活动势力也成了影响村庄秩序的一支力量。

从五四运动将儒家思想请下神坛，再到包产到户不提共产主义教育，崖边人自然没有了主流信仰，信鬼神的习俗便又重返村庄。

崖边人信奉的神是邻村的"圣母娘娘"，崖边人信奉的鬼各家都有。信神需要村民联合起来搞盛大的宗教仪式，而信鬼只是村民个体的"私事"。对"圣母娘娘"的信奉，打破了行政区划的限制，涉及通渭、陇西两县十余个村庄。信徒每年都会在农历四月初八和正月十五举办庙会。庙会的主要内容就是唱戏，其中四月初八表演皮影戏，正月十五表演秦腔折子戏。为了敬奉"圣母娘娘"，每个信奉"圣母娘娘"的村庄都要选出一两个挑头的人，组成庙宇管理组织，承担庙宇日常事务管理，负责敬神所需钱款、物资的摊派收集。庙宇的管理者以"敬神"的名义向所有人收取钱款。村民敬畏神权，生怕得罪了鬼神，都要速速给"庙官"交钱。用香火钱做功德，祈求神灵保佑。这类愚民之术，黑暗如同欧洲中古教会出售的"赎罪券"。在没有"德先生"和"赛先生"的情况下，这是所有宗教场所都采用的愚民术。

崖边负责敬神事务的人是厉辉和厉劝仁。他俩每年的正月，几乎天天吃住在庙里。对于大字不识的他俩而言，这份差事非常荣耀。厉辉将"圣母娘娘"毕恭毕敬地称作"爷爷"，他经常会谈及"爷爷"的事情，似乎他在代神发言。崖边人对鬼神的惧怕和尊敬超过了一切力量。如果基层政权倡导村民种植能赚钱的农作物，大家一定不会种。如果庙官发动大家给庙里捐款，大家会立马兑现。最典型的例子是，崖边村学在农业合作化时代修建起来后，国家没有再投入一分钱，崖边的村民也无人投一片瓦。而位于村外的神庙却越修越好。

有一年，我想把崖边流传的山歌和秧歌曲子整理一下。厉辉会唱秧歌，是不二的人选。但当我提及此事时，他这样回答我："这个不好办，这个一旦要唱就要穿服装，就要'爷爷'同意。"

在厉辉的心目中，崖边的秧歌曲子都是属于神的，要唱必须经神批准，也只能唱给神，人没有资格随意唱，随意听。我的家人一听还要惊动神，赶紧制止了我收集秧歌曲子的打算，我也只能无奈收场。

有一年，厉劝仁准备去外地打工，但庙宇管理组织叫他帮忙，他赶紧返回了庙里，没再去打工。他对此无怨无悔，逢人就说，庙里现在没我不行。

崖边的这两人对管理庙宇事务非常热衷，也非常虔诚。但崖边之外村庄的人经常攻击庙官："在庙里喝酒、抽烟，啥都敢干。"当然，受攻击的庙官不一定就是指厉辉和厉劝仁，因为庙官是一个集体组织，成员多达十余人，来自十里八乡众多村庄。

与厉辉和厉劝仁敬仰神灵一样，我的父亲阎明对于共产主义充满敬仰。厉辉和我父亲为邻几十年，他们都有各自虔诚的信仰。父亲在最困难的年代，都不忘收集伟人的画像、著作。毛、朱、周等伟人的画像、十大元帅的画像他都有。为共产主义奋斗终身的伟人、烈士是他最崇敬的人，这些人的画像是他装饰屋内黄泥墙面的重要素材。

父亲在1970年代为生产队开手扶拖拉机。计划经济时代物品缺乏，但质量上乘。改革开放后，物产丰富，但农村流动的多是假冒伪劣产品，且价格昂贵，涨幅惊人。父亲认为是市场经济搞坏了人心，助长了人性的自私。他始终坚信社会主义建设是公与私的斗争，是每个人内心公与私的斗争，是整个人类公与私的斗争。共产主义能否实现，父亲并不坚信，但他认为，社会主义、共产主义都是引导人向善向好的方向发展，只要前进一寸都是一种进步。

有了对社会主义的坚定信念，父亲内心从来不信鬼神，这在崖边绝无仅有。"圣母娘娘"庙每年搞庙会都要向村民摊派粮食、食用油和钱物。每次催要款物的人来到我家，都是偷偷向我母亲索要，食用油、白面等物资我的母亲可以偷偷拿出来交给庙官，但现金她一分都没有，只能拖欠。拖欠了庙里的钱物，父亲的名字被公布在庙门前的榜单上。父亲从来不去庙里，他毫不介意。但父亲的名字总会被我们兄弟发现，觉得特别刺眼，也很是丢人。我们总要将此告诉母亲，母亲就会在父亲跟前念叨半天，过于抱怨的话也不敢多说。

每年的正月初一和正月十五，以及四月初八，崖边方圆数村的人都要去庙里烧香磕头，但父亲一辈子都没有去过一次，他是坚定的无神论者。

没有电视前，我父亲每天都收听广播。改革开放初期，他还订阅报纸学科技。他自学能力强，有柴油机修理书籍，能将彻底"死掉"的柴油机修好转起来；他在"文革"期间接受过赤脚医生培训班，是不被公社认可的赤脚医生（崖边生产队赤脚医生名额由生产队长分配给了要好的人）。1980年，村民佟进贤和孙效忠打架，佟进贤用铁锹铲断了孙效忠的脚脖筋，父亲及时出手搭救，避免了悲剧的发生。直到1998年前后，他还为村里人看病抓药；他有无线电书籍，他曾按照书上的原理用煤油炉子烧烙铁焊制了一台晶体二极管收音机。他坚信科学，他反对迷信。

崖边人相信鬼神，特别讲究风水，按照风水先生的规定，院落房间不能轻易动土。但我父亲是一个闲不住的人，他懂铁匠、木匠、石匠、泥水匠，最神奇、最不可思议的是他还自学学会了裁缝。他一年四季都闲不住，叮叮咣咣忙个不停。寒冬腊月冰天雪地，崖边人多会相互串门聊天，但我父亲依然会在院落里要么制作铁器，要么制作木器，令村人大为不解。农民之家，我家里生产生活所需的物件没有一件缺少的，父亲从来不借用别人的物件。他要么自己购买，要么自己制作，总是用自力更生、艰苦奋斗的精神建设自己的家园。他特别反感"造不如买、买不如租、租不如借"的短视观点。

他常年忙于搞建设，搞制作，难免会把院落挖烂，会把墙角搞破，这让我母亲非常反感。我母亲和厉辉一样对鬼神充满畏惧，时时处处事事遵照迷信规矩。父亲毫不理会母亲的担心，他我行我素，想在哪天动土就在哪天动土，想在哪里动土就在哪里动土。

印象中，父亲从来没有屈服过。但是，2003年以来，他屈服了。而且这次屈服违背了他的信仰原则。

2003年春，父亲高血压加重，经常睡不好觉。他在"非典"肆虐、四处隔离的社会环境下赶来天水看病，我们四处托人找大夫，走遍了天水的所有医院，每个医院的大夫都有各自的结论，有的说心绞痛，有的说心肌梗塞。父亲看来看去，花了一大笔检查费，背了一大包药回家了。过了没多久，大哥突然又将他送到了天水，这一次他已连续三个昼夜没有睡觉。遵照医嘱，我们兄弟三人带他去看了精神科，诊断他有焦虑情绪，回家吃药慢慢缓解了症状。

就在同一时期，我们家族出了好几件事。2001年，家族中两位40多岁的人因意外事故死亡，这让家族中人都寝食难安。按照陇中的习惯，有人生病或者意外死亡，解决的办法就是请神问卦。请神问卦得出的结论是，我的爷爷阎兴堂在担任生产队干部时对庙里的神有过不敬的行为。这个说法深得家族中人的认可，解决的办法就是给神还愿，而且要在我家里搞诵经大法会，借以消灾。父亲其时经受了病痛的折磨，对家族中人的提示只能答应。三天三夜的诵经会，搞得父亲精疲力尽，但他忍辱负重，全力配合了下来。父亲清楚，家族中人意外死亡、自己的病痛绝不是什么迷信导致的，但他不得已只能对家族中人屈服，对封建迷信沉默。

父亲的病情后来慢慢减轻了，但高血压和精神焦虑症状一直在依靠药物控制。父亲早年不大和人沟通，从来不说别人的闲话，从来不聚众闲聊。大病后，他遵照大夫建议，慢慢加强了与人沟通的频次，也爱说闲话了，这对消除精神压力作用明显。但这些变化，在崖边人看来，都是给神还愿得来的结果。如果父亲病情加重，崖边人又会说那是阎氏家族欠了神灵太多。附着在崖边人身上的神其实是崖边人自己对生活的恐惧。

连我的父亲阎明这样坚定的无神论者都能为封建迷信所屈服，崖边没有谁再不敢不敬畏鬼神。封建迷信一旦回潮，统治人心的力量将大到无边。政治治理的弱化削弱了科学传播的力量，正不压邪之后邪念会有强烈的反扑。而阶级矛盾、家族矛盾也借助于迷信，借助于"神威"见缝插针地施展作用。

头 人

政治力量和封建迷信势力之外，崖边还存在着第三种势力——"道德权威"和"伙子里"头人。这第三种势力在左右乡村生活秩序中起着不可低估的作用。

"道德权威"是以儒家思想"仁义礼智信"为基本框架，融合地域特色文化、民间习俗、民间风俗而形成的主导村民生活秩序的精神力量。在崖边，由于没有"宗法"社会，整个村庄的社会结构更体现着多族共存的特点。在政治治理这个外部导入机制之外，往往是村庄内生的"道德权威"能在村庄治理方面发挥巨大作用。改革开放初期，由于生产队解体，强势的政治力量从村庄退出，"道德权威"迅速做了替补。但到了改革开放后期，"道德权威"的作用逐渐淡化，到 21 世纪，已经基本丧失了影响乡村生活的功能。

"道德权威"一般由村中具有一定文化修养，或者道德水准较高的人主持发挥作用。这类人必须是孝敬老人、勤俭持家且家境富足者，或是为人仗义、与人为善者。只有这样的人，才能主持公道开展村中社会活动、协调解决村内成员之间的矛盾。

由于儒家思想的退出、共产主义思想的剥离，信仰真空状态下大家只追求金钱和利益。相应地，孝敬老人这个被视作中华民族传统美德的道德底线也被打破。老人在家中的地位普遍下降，这就意味着，老人依仗"道德权威"主持"公意"的能力也遭到了弱化。一个自身都得不到子女尊敬、孝敬的长者是难以得到众人尊敬的，也再没有威信主持公道。

厉敬明曾是村中相对受人尊敬的人，村民之间有什么矛盾的话，中间人请他去评说一下，一般就会化解。厉敬明在 1990 年代初期，还能发挥这样的作用。但 1995 年左右，厉敬明的女儿不听厉敬明安排，被儿子做主嫁给了外地的老板。原因是厉敬明的儿子在外地打工期间，和这些老板有了较好的关系。这种严重剥夺家中长老决断权力的做法，致使厉敬明的家庭地位大大降低，在村中的社会地位也受到严重影响。从此，村中再有什么事情，大家便不再请他出面。

"道德权威"是村庄社会治理的有益补充，人民公社时期，生产大队书记和队长是决断村中事务的绝对领导，也是代表"公意"处决村民之间矛盾的权威领导。"道德权威"基本不起作用。再则，集体化经营使村民私有财产缺失，大家产权均等，相互心理平衡，产生矛盾的几率较小。但 1978 年恢复小农经济模式的情况下，随着村庄自由化进程的加快，村庄"道德权威"被瓦解，主持权威的"长老"已无法诞生。即便新诞生的打工新富，也难有权威成为正义力量的化身。贫富分化导致人的心理失去平衡，进而滋生出仇富心理，或者羡慕嫉妒恨心理，人与人之间很难相互信任妥协。

生老病死是所有人都无法避免的，面对生命的重大变故时，一个个体或者一个小农家庭，是无法应对的。群体生活的纽带就是群体间的互助合作精神。在崖边，互助合作、相互帮忙是充满人情和温暖的古老道德。这个互助合作的体系里，谁也离不开谁，谁也不能放弃谁。崖边的这个古老道德以"伙子里"的形式固化为一种生存准则而存在、而传习。崖边的每一个家庭，每一个成员都是"伙子里"的一员，"伙子里"的每个成员都要为其他人在生老病死诸事务中尽到帮忙的责任，"伙子里"的每一位成员都有在自己婚丧嫁娶过程中得到其他成员帮助的期许。这个沿袭已久的规则打破了宗族观念的隔阂，打破了贫富差距的区别，大家一视同仁，以"我为人人，人人为我"的良好祈愿代代相传。如果谁在尽义务的时候偷奸耍滑，那他在遇难的时候将会失落无助。

社会分工是社会进步的标志，"伙子里"也存在精细的社会分工。比如在婚嫁喜事中，有的人是做"总理"（司仪）的，有的人是端盘子伺候人的，有的人是掌厨的，有的人是挑水的；在丧事中，有的人是抬棺材的，有的人是挖墓穴的，有的人是挑"纸火"[1]的。这种分工或以每个人的特长定位确定，或以体现公平原则采取各族人轮流值班的方式确定。基本上，当总管、掌厨等技术活由个别有能力的人从事，而挑水抬棺材之类的苦力活则由各个家族或家庭中的人轮流承担。在所有分工里面，"总理"是最具有威望的，"总理"在红白事务中会头戴礼帽，发号施令，指挥仪式，所有的人都要服

---

1. 指用纸做的房子、家畜、马、金斗、花圈等迷信品，民间认为烧纸火可以改善亡者在另一个世界的生活水平。

从"总理"的调遣和差使。

尽管"总理"很牛，但这个职务依然是免费的义务劳动，顶多在吃喝方面和权利行使上超越别人。为了担纲各类红白事的"总理"职务，彰显自己的威望，很多人还要明争暗斗。"总理"在崖边还能形成宗派、山头，能主导村庄族群交往的发展方向。

除了红白喜事中的"总理"，村里的其他临时性的经济文化活动也会产生头人势力。比如通水、拉电、打篮球、为受难人家募捐等都需要头人。村里的头人势力对村民生活的影响比政权力量所发挥的作用还要巨大。

不论红白事中的"总理"，还是临时事务中的头人，能不能处事公道，是最核心的问题。有的人尽管办事能力比较强，但是如果处事不公道、偏心、自私、贪婪，往往是成事不足败事有余，会对出事的主人或者全村人造成伤害。2003年崖边拉电过程中，选了好几个人做头人，专事收费、跑路等服务。其中厉来务把持账务，拒绝公开算账，拒绝张榜公布账目，搞得全村人对所有的拉电头人都表示不满。

崖边"伙子里"的正能量由于村民的私心杂念而逐步萎缩，与政治治理形成的"科层机制"一道受到了"市场机制"的严重冲击。宗教迷信活动和其他社会活动的开展基本与政治机制脱节，这类活动的使命缺乏科学民主精神。主导这类活动的头人势力一般都是关系较好的人相互组织起来，用强势的话语权引导舆论推动活动开展，鲜有公开的、透明的、尊重所有人的议事环节和民主监督机制，所以这类活动也存在着公意缺失的问题。借助迷信活动，宗族势力将斗争的矛头暗藏于神灵之下，经常出手。社会活动头人势力借助权力在各类村庄事务中时时处处设法报复敌对人群，村庄各族人之间的矛盾加剧，导致社区内所有人的融合受阻，互助减弱。当危机得不到合理的化解时，时时都有爆发正面直接的严重冲突的可能。厉来务被殴打致死的惨案就是典型的例子。

没有自治，没法自治

    1982 年中国修订颁布的《宪法》第 111 条规定"村民委员会是基层群众自治性组织"。这是中国首次提出"村民自治"的概念。1993 年国家民政部下发的关于开展村民自治示范活动的通知之中，又提出了村民自治的核心内容是"四个民主"，即民主选举、民主决策、民主管理、民主监督。

    但是在崖边，直到 2013 年也没有实行真正意义上的村民自治和村民选举。从解放以来，崖边的村级干部都是由上级任命。改革开放以来，廉效仪担任村党支部书记长达 30 多年，村委会主任几度易人，从无真正普选。村党支部书记和村委会主任的产生，一直由乡政府委任。

    2003 年，崖边行政村的村主任一职出现空缺。其时，廉效仪作为老支书对崖边的情况了如指掌，他推荐的第一人选是阎海平。这个决定令我们全家人都难以置信。因为 1998 年至 1999 年崖边村加宽农路的过程中，村民厉茂阻挠填水窖影响了道路的顺利加宽，村民都对廉效仪不能采取强制措施很不满，对他的工作能力和水平表示怀疑。我的父亲阎明和厉文在相关会议上带头发难，对廉效仪进行了毫不留情的批评，廉效仪当时极其愤怒。但廉效仪在四年后，依然不计前嫌地推举我大哥阎海平担任村委会主任，可见其人有高风亮节的品质。被推举为村委会主任，阎海平毫无准备，他也不愿意干这份差事。2002年村委会主任的年工资不足1000元，为了村里的事情，经常要浪费自己的时间。阎海平最担心的是干这个公事要得罪人。另外，村主任要接待乡政府及市、县一切部门下乡的干部吃饭，阎海平的妻子更加不愿意。当乡政府干部代表组织正式谈话之后，阎海平依然不愿担任主任一职。我的三叔阎武得知后，专门对阎海平妻子做了一次动员工作，认为当主任毕竟是一件好事，招待乡上来的干部也不是什么大事。他还举例说自己的儿子每年正月都要招待村里人喝酒，尽是些不上台面的人，儿媳妇照旧年年应对，而乡上的干部又不是天天来。顾虑消除之后，阎海平于2004年顺利成为崖边行政村主任。

就任村主任，阎海平给乡政府的干部提出要求，得罪村里人的事情坚决不干："我干村主任一年挣1000元，还不及跑腿费，要是让我得罪村里人，我坚决不干，主任不当了我还要在崖边活人，和乡亲们处理好关系是我这个小人物一辈子的大事情。"

阎海平本是胆小怕事、谨小慎微之人，就任村主任之后，只是跟在廉效仪后面打杂。

阎海平上任后，崖边行政村先后在2004年和2007年举行了两次选举，但是来参会的人寥寥无几。崖边行政村共有五个自然村，从改革开放以来，这五个自然村的人从来没有被召集到一起开过会。所有的工作安排都是廉效仪带着班子成员奔赴每个自然村开五次会进行传达。对于选举这样的事情，村民更是毫无参会热情。在很多人看来，只要政府不像过去那样收粮要款，就已经谢天谢地了，干嘛还要操心谁当主任的事情？崖边村民阎光荣给我描述参加选举的经过，毫不避讳自己对阎海平等村班子成员以及乡政府干部和选举的反感："给我也发了一张票，我根本没看就扔了，关我屁事，反正不选我。"

"雅典城内有 10 个移民的大族，每一个大族推派 50 名代表，组成五百人议会，再在这个议会基础上选出'百人会'，作为常设的议会。然后，'百人会'又选出执政官和其他官员。"雅典的这种"民主"成果是美国共和政体借鉴和吸收的榜样，但此种"民主"制度，在史学大家许倬云看来，"这也不过是一个变相的寡头政治而已"。[1] 崖边村的族群大小不一、各族势力参差不齐，不论是像雅典一样搞"议会"选举，还是直接搞普选，都是很有难度的事情。

如果把崖边行政村五个自然村的村民全部召集起来推选村主任的话，每个村都会优先推举自己村里的人，很难推出五个村都接受的人。如果只在崖边村推选一个人出来，也会是各个家族首先推举自己家族中人，人口众多的大家族必然占据选票数量优势，很难产生真正的民主推举。

长期以来，崖边的政治力量一直由"外来户"把持，而崖边的宗教迷信活动和社会活动头人势力都由原住民——厉氏家族操控。

---

1. 许倬云：《中西文明的对照》，38 页，浙江人民出版社，2013 年。

如果在崖边推行彻底的村民自治，政治权力必然会被原住民收入囊中，令厉氏家族一家独大，构成对"外来户"的严重排挤打压。

自然村与自然村的利益要均衡，大家族与小家族的利益要均衡，兼顾人人的民主如何保障？有村民感叹，要是真的选举村官，估计3年都选不出来。这个感叹支持了"民主集中制"的合理性。也表明崖边没有自治，更没法自治。

阎海平上任主任职务不久，就得到了来自厉氏家族中个别人的挑战。村民厉吉祥多次向乡政府反映，要求罢免阎海平，由自己担任村主任。他说自己完全可以胜任村主任，他上任后还能为崖边带来发展项目。厉吉祥确实致富心切，搞过小卖部经营，搞过养殖业，但都以失败告终。他对乡政府领导花言巧语的表态不亚于美国总统竞选演讲。乡政府对他采取了软磨硬拖的办法，但他三番五次索要官职，后来和乡政府形成了矛盾。他不满崖边行政村现任领导，但从来没有找廉效仪、阎海平发生过正面冲突。他多次向乡政府申诉无果后，私自打开了村委会办公室，将办公室内办公设备一架子车拉到了自己家里，还在村委会院内拉了一坨屎，以泄愤怒。此事被报告到乡政府，乡政府派人对厉吉祥进行了批评教育，并要回了办公设备。

但过了一段时间，厉吉祥疯了。厉吉祥成了一个精神病人，打母亲，打村人。他在村间行走扛着一把板斧，吓得小孩子四处逃窜，就连大人也都躲着他。他来到了乡政府，他继续要求当村主任。这一次，他抱着不达目的不罢休的准备，发生争吵后，打碎了乡政府办公楼的玻璃，乡政府干部束手无策。最后，乡政府领导将他送到了定西市一家精神医院进行救治，一年多后才出院。

乡政府主导的"民主集中制"原则下的选人用人标准是选择一个公道正派的人做村官。在崖边，60后、70后人群中，能够胜任村官的人的确不多，很多人文化水平太差，基本素质不够。另外，有能力的不一定有公心，有公心的不一定有能力。公道正派，这是石湾乡政府领导和崖边行政村党支部书记廉效仪三番五次动员阎海平担任村主任的核心原因。

2012年，出生于1952年的廉效仪已经60岁。他担任崖边行政村党支部书记已30多年，必须退休。按照常理，应该由村主任晋升接任党支部书记。乡政府干部代表组织征求阎海平意见时，他坚决推举文书许逢吉担任村支书。阎海平说："论从事村干部的资历，老许比我老，论学历，老许是党校大专文凭，比我高。这个担子坚决要由他来挑，他比我更合适，比我更能把事情做好。"

2013年春，廉效仪正式退休，许逢吉接任廉效仪成为崖边村的第一"长官"。廉效仪退休后的崖边村干部接班事宜搞得非常顺利平稳，这也是不多见的。崖边村班子的平顺交接在于崖边的三个村干部经过长期磨合，达到了相互支持，相互理解，共同开展业务，共同承担责任的良好状态。

廉效仪退休后，崖边行政村空出了一个文书的岗位，需要及时填补。厉氏家族中有很多人向驻村干部申请当文书，都被一一回绝。村支书许逢吉和村主任阎海平积极推举崖边的厉永强担任文书，得到了乡政府干部的认可。2013年夏秋之际，厉永强顺利成为崖边的文书。

厉永强是崖边厉氏家族的人，不过他和厉氏家族中的中坚力量走得并不接近，因而这是新的村班子看重他的首要前提。因为厉氏家族中的中坚势力是排挤"外来户"的重要力量，他们一旦有人进入村班子，必然会导致村班子的团结出现问题，更会对另姓人构成欺压。厉永强担任村文书后，厉氏家族的中坚力量迅速对厉永强形成了敌视态度。可见，村民对干部的仇视即便是同族同胞的血缘关系也无法软化。

2013年，全国都开展了村"两委"换届选举，这也是最严格的一次。石湾乡在2013年冬由于部署选举不力，受到了通渭县组织部门的批评。2013年12月17日我回到崖边时，见到村口巷尾四处贴着宣传选举的标语。其时村党支部书记换届已完成，许逢吉继续连任。阎海平作为村主任，此时的工资水平已达到了年均6000元，比上任之初大有长进。但是迫于工作压力，他对未来不抱丝毫希望，他说这一次能把自己选下来更好，他可以专心务农，免得被厉家人咒骂。但乡政府驻村干部一再鼓励他，一定要坚持。

2014年年初，阎海平在崖边有史以来最严格的"选举"下，连任村主任。

"鸡肋"之官

政治力量、封建迷信活动势力、"伙子里"头人势力，这三种力量都深刻影响着村民的生活秩序，形成了三合一权力结构。其中政治力量对村庄的控制是外在强制型的介入，是科层机制，也是最关键的权力运作枢纽。而"宗教势力"和社会活动头人势力对村庄的控制是村庄生活内生的社会组织架构，是互惠机制。后者渗透于乡村生活的方方面面，对村民生活的影响更加深入。三种势力互留空间、互相排斥又互相交错依赖，既有合作、互补，又有冲突、拒阻，形成了独特复杂的社会管理格局。三大势力看似松散无力，却又深深左右着每个人。因为三种势力的作用贯彻于一个人的生老病死诸阶段。

村庄治理中，政治治理应该首当其冲。在政治治理力量弱化的近30年，崖边的封建迷信势力和"伙子里"头人势力也参与了民间行政任务。人民公社时代，崖边的政治是集权政治，政治管理着村民的一切生产、经济和生活活动。高度管理下，公意有余，"个人"

不足。改革开放以来的政治管理局面，由于村班子没有主导村庄管理的全部能力，致使村庄政治生活中公意严重缺失，个体过度自由散涣。

2002年之后，农村党组织的建设、基础设施建设都得到了加强。一系列惠农政策的推行，过去只是收粮要款的乡镇基层工作完全被翻转，变成了服务性质。相应地，基层干部的工作量也加大了不少。

阎海平2004年开始担任崖边村村委会主任，正好经历了农村治理工作的大变局。国家的决策反映到最底层，阎海平的感受是深切的。他从事主任工作的十年时间比之前的村干部要忙得多，乡政府干部下乡的频次也比之前明显增加。各项惠民政策出台以后，各级政府都成立了相应的办公机构，增加了人员设备，但村干部一直只有三个人。这些工作落实到最基层的时候，全得由村干部负责。惠民政策越多，村干部工作压力越大。

表面看来，施行仁政的惠民政策应该是能得到普遍拥护的，但是实际情况并不尽如人意，作为最最基层的村干部，掌握着最最真实的情况。阎海平说他与崖边人打交道经常被整得哭笑不得。在整个崖边行政村的五个自然村里面，最难打交道的人就是崖边人。

比如"新农合"政策，有人不愿意缴费，给村干部和乡干部的收费工作带来巨大难题，有的人不缴费，乡村干部只能用自己的工资进行垫付。按照常理，一项保险政策的执行，本该有人参保缴费，相关机构收费兑现保障承诺就可以了。再则"新农合"政策采取农户自愿原则。但是，各级政府在考核政绩时，都要把"新农合"列入清单，且要以参合率说事。在崖边，"新农合"政策出台之初，并没有多少人愿意主动参保。崖边村民厉效贤就是一个典型，由于他前一年参保期间并未生病，便死活不愿意继续参保，任凭阎海平和其他村干部三番五次上门动员也无济于事。没办法，厉效贤就脱保了。厉效贤脱保不但让自己失去了合作医疗保险资格，还拉了全村、全乡"新农合"参合率的后腿。按上级政府的要求，各地参保率必须要达到 90% 以上，石湾乡党委书记和政府乡长想要干好自己的工作，必须要完成"新农合"的参合率。说来也巧，就在当年后半年，厉效贤骑自行车赶集时，不慎摔伤，一口气花费了 5000 元医疗费，但他没有参保"新农合"，一分钱也无法报销，这让厉效贤追悔莫及。第二年，厉效贤主动找村干部参加"新农合"。

政府动员农民参保"新农合"是一片好心，但得不到农民的理解支持。"新农合"的运行应当有专门的机构，但在最基础层面，工作往往由村干部和驻村的乡干部完成。诸如参保"新农合"，在很多事情上，崖边的村民有时表现得非常愚昧和自私。乡村干部对崖边人的自私自利深恶痛绝，但束手无策。在阎海平眼里："崖边的'瘦'百姓都被惯坏了，国家的惠农政策没有换来农民的感恩，反而让农民变得越来越无法无天。"

阎海平认为村庄治理必须要有严刑峻法，但前提是要有清廉的政府。如果政权公务人员不能廉洁奉公，小民难免自私自利。阎海平从事村委会主任工作十余年，接待的乡政府干部和上级各部门干部人次过千。下乡干部进驻崖边工作，每天中午和晚上的饭必然在阎海平家中吃，这些干部每月都有 2000 多元的工资，而阎海平作为村委会主任一年只领取着几千元报酬。这些干部吃饱喝足之后，扬长而去。阎海平对毛泽东时代下乡干部吃了群众饭掏粮票的公私分明的做法由衷地表示尊敬。

2005年左右，3名乡政府干部在6月间下乡，住在阎海平家中。他们早饭吃过以后，便在阎海平家中看电视，阎海平去忙农活，等阎海平正午回到家中时，三名乡干部睡着了，电视机还开着。阎海平又累又气，一顿训斥："你们睡大觉开着电视机浪费电，像不像个人？麦黄六月，农民都在劳动，你们屁事不干，还要人伺候，跑来干啥？"乡干部被骂得无言以对，灰溜溜离开了崖边。

阎海平说，每一个来崖边办事的乡干部都在我阎海平家中吃过饭，睡过觉。但我阎海平到乡政府去开会时，有的人连一口水都不请我喝，有的人甚至装作不认识。各级政府的干部，人情味不及乡间的老农，几乎不能打交道。乡镇干部连经常为自己管饭的村干部都不当"朋友"，他们难道还会真心为不认识的农民搞服务？脱产的乡镇干部几乎脱离农村，即便下乡也是作风不正。在"市场经济"环境下，要求绑在土地上的村干部也扑下身子为农民服务，将是笑话。

2010年，通渭县召开全县人民代表大会期间，许逢吉作为崖边的人大代表，向大会提交了一份建议，要求提高村干部报酬。许逢吉列举：农村享受"低保"的人群为社会不做一分钱的贡献，一家人一年要领数千元现金，而村干部既要忙自己的土地，还要为大家的事情操劳，但是只领几千元，远不及"低保"户领得多；农村劳动力进城做小工，日工资都在100多元，月收入接近村干部的年收入。许逢吉的建议也是廉效仪和阎海平共同的建议，这三个村干部都曾有过拉倒不干的冲动。但他们都是绑在土地上的人，不能外出打工，只能将就着干"村官"。

2013年，陇中某地选拔村党支部书记，无人愿干，最后只能由乡政府驻村干部兼任。村干部是"当官的农民，种地的干部"。他们如同钻入风箱的老鼠，几头受气。上有乡政府施加的压力，下有老百姓的不解抱怨。这样的"官位"犹如鸡肋，弃之可惜、食之无味。

在崖边，与发展经济同样重要的任务是提升村民精神文明。崖边在历史上风气较好。进入新世纪以后，特别是厉来务厉年聚众赌博，最后被厉进活活打死的恶性案件发生后，附近村庄的人说起崖边都会直摇头。他们对崖边的评价是崖边的人不行。

张文是80后"大学生村官"，他工作以来驻过好几个村，2011年开始驻进崖边。他认为崖边确实是风气最不好的一个村庄，工作非常难开展。他来到崖边驻村首先抓了中药材种植。2013年他在崖边行政村庙湾自然村引导村民开展药材种植获得了较好的收益。2014年，他又把崖边村变成了中药材种植点。除了抓经济，他还在抓民风方面动脑筋、下力气。

2013年冬，崖边村民宋喜喜的儿子结婚，宋喜喜为了凑够接亲的小车，一时犯了难。张文得知，开上自己的私家车，自告奋勇帮宋喜喜完成了接亲任务。宋喜喜心里既欢喜又满足，经常向人炫耀："我儿子结婚，乡上的干部帮忙接亲，我老孙面子够大吧！"

身为泥腿子的农民能和乡干部张文平等真诚交往，在崖边，不止宋喜喜一个人。

2013 年春，崖边村村民李某和老伴吵架时对老伴动了手，老伴一气之下离家出走。李某的老伴有精神疾患，平时很少和人沟通，再加上从未出过远门，离家出走必然凶多吉少。李某的两个儿子在母亲出走后，动用亲戚朋友、左邻右舍，对崖边方圆数十公里的沟壑梁峁实施了地毯式搜查，在邻近城镇四处张贴寻人启事，但依然杳无音信。两兄弟彻底绝望了。

张文得知李某老伴走失的消息后，非常关注和留意寻人启事。通过同学朋友四处打探，终于在当年年底，帮助李某家人在甘谷县找到了走失的老太太。张文开着自己的私家车帮李某接回了老伴。事后，李某的儿子拿出两百元向张文支付油费，被张文婉拒了。

一个人做一两件好事并不难。难就难在坚持。张文来到崖边村担任驻村责任人以来，经常参加村民的红白喜事，为过事情的村民随礼，与帮忙的村民拉家常。另外，村里凡是考上三本以上大学生的家庭，张文还会带着驻村乡干部和村干部，主动前去祝贺。张文认为这样可以营造尊重知识，尊重教育的氛围，引导更多的农民用心用力供就自己的孩子上大学。同时，还可以拉近干群关系，孤立捣乱分子，扭转社会风气。

人情交往是一种互惠行为，也是建立交往关系、界定亲友的手段。在互联网上，经常有网友晒出自己的"人情债"，将随礼称作交纳红色罚款，大呼负担重。作为驻村干部，崖边人的人情交往，张文完全可以置身事外。但张文却要主动融入："我本身是个农民，我当干部，多结识一些农民，我下乡随便敲开一户人的门，人家把我当亲朋，给吃给喝，我还有什么工作不能开展？"

张文说，他刚来崖边组织开会，很多村民都在"开拖拉机"（一种赌博方式），很难叫到会场。他便想了个办法，自己也加入其中，不一会儿就把大家的钱赢光了，村民都服服帖帖，不得不乖乖开会。后来，有一位领低保的村民还要找张文赌两把，张文一顿斥责，狠狠教育了这位村民。

长期以来，崖边村的本土村干部阎海平和许逢吉就很难拉下脸去应对此类事情。由于工资微薄，再加上熟人社会的情面影响，村干部不敢或者懒得惹人管闲事。村庄即使有过于出格的人和事发生，村干部也是睁一只眼闭一只眼，尽量避免与本村人发生冲突。这种忍让退缩不断加剧了"恶"势力的膨胀发展。而张文个性鲜明，能屈能伸，对付各类人都有一套土办法，特别是对赌博、寻衅滋事的丑恶现象，敢于正面对抗压制。

2014 年，石湾乡计划调整张文到别的村庄驻村，但崖边村村干部许逢吉和阎海平死活不答应，力主挽留。

张文在崖边村担任大学生村官四年，给村民留下了富有人情味、爱憎分明的印象。崖边近十余年来，鲜有这样的驻村干部。作为外援干部，张文不可能永远留在崖边驻村。张文一旦离开，崖边的政治治理格局自然会"人走政息"或者变作另一番状态。

长期以来，干群矛盾是影响党和政府形象的核心问题。包产到户后，农民分田单干，利益诉求也变得多元化、细碎化。一旦基层工作者摆起干部架子，或者在处理涉农事件时脱离群众，群众就会对政府产生负面情绪。这样的负面情绪日积月累，久而久之，就会影响到党和政府在群众心中的威信和形象。如何培育像张文一样乐于积极主动融入广大农民中间、敢于坚持原则向乡村丑恶势力斗争的"村官",是乡村治理的关键所在,也是搞好农村工作的基础所在。

在惠农政策增多,但又无法普惠的前提下,"不患寡而患不均"的农民普遍对基层政权表现出不满情绪,村干部压力重重。在村民眼中,是村干部歪曲了国家的政策。

为人民服务是中共的宗旨。在科层体制下,"宗旨"经中央、省、市、县、乡、村,才能到达最"基层",政权"为人民服务"的理念从上到下贯彻落实,最后在村干部身上体现。在改革开放成就巨大的年代,各级公务人员有着可以带进坟墓的优厚待遇,他们多是用强调、指出贯彻"为人民服务",为人民服务的宗旨来到科层制的最低层时,领取微薄俸禄的村干部不能继续再强调、指出、要求村民自己为自己服务,干群矛盾自然在村干部和村民之间积聚得最深广。作为"种田的干部、当官的农民",村干部官小使命大,他们真的能担负起强大的宗旨使命吗?

公共力量就需要有一个自己的代理人来把它结合在一起,并使之按照公意的指引而运转。这个代理人可以充当国家与主权者之间交流的媒介,它对公共人格所起的作用或多或少有点像是灵魂与肉体共同对一个人所起的作用。这就是之所以国家之中存在政府的基本根据。[1]

1.(法)卢梭著,施新州编译:《社会契约论》,66页,北京出版社,2007年。

任何一个社会单元，不论多么微小的社会单元，都不能缺失公意。只有公意能够得到彰显的地方，才能有公平、团结、和平。崖边人群的一切社会活动不应该与政治机制脱离，政治力量在整个社会治理中，应该在科学民主的框架内发挥更加积极有为的作用，顶起公意的旗帜，推动所有人的团结、和平发展。而现实情况是，如同鸡肋一样的村官职位导致了村集体的软弱、懒散，根本无法举起维护公意的大旗，而是做好了随时撤退的准备。政治权力弱化，村庄内生治理结构不能维持村庄的全部秩序，村庄便沦入了近乎无政府主义的状态：无道德、无法纪、无教化、无谦让，自由散漫、狭隘自利。

传统中国社会互惠机制发挥能动作用的现实已经不复存在，面对市场机制的强大冲击，村庄的秩序维护和社会治理，应该在尽力守卫互惠机制的前提下，加强科层制的政治作用。以尽量实现卢梭所认为的"公意"的保持。

失落的教条

CHINA
IN
YABIAN

一个都不能少

"同学们，一个大饼切成四块，小明分了一块，小刚分了一块，还剩几块？"

"还剩两块。"

这是崖边村学民办老师王雄的特色教学法。他将数学教学融进了现实生活中孩子们最易理解的事物进行解读，增加了孩子们的学习兴趣。他的这一特色启蒙教学法，使用了整整10多年。

崖边是个偏僻的村落，对教育有着与生俱来的隔绝。解放前，识文断字基本是富户人家的专利，普通人从出生到死亡，一直在与吃饭较劲，没有能力去接受"高深"的教育。1949年以前，崖边很少有识字人。

解放后，崖边开设了扫盲班，扫盲班里学习较好的人，都成了崖边基层政权工作者。扫盲班后来逐渐办成了村学。1955年至1975年，村学在老师家中办学。直到1975年，崖边生产队才投资修建了有固定办学场所的崖边村学。

崖边村学的样子一直从 1975 年保持到新世纪：四间黄泥土屋，三间做教室，一间做教师办公室。没有桌子，三间教室都用土台子搭上半棵树，做桌子。一棵树平分两半，平面的一面朝上，半圆的一面朝下，搭在两个土墩子上，就是一条长桌。两米的长度坐着不下 8 个学生，学生的凳子也是一个长条凳，一群孩子挤在上面，热热闹闹。学校的课程安排非常简单，只有两门课，一门语文一门数学。上完两门课，学生的任务就是背课文，写生字。学生缺乏课本、缺乏铅笔，用旧的电池砸破后掏出碳棒，就是一支完美的笔，在偌大的操场上每个孩子划出一块地方，如同农民包产到户分到手的责任田，开始写作当天的生字、诗词，写完后，老师进行检查验收。学校没有体育设施，课余时间就是玩老鹰捉小鸡之类的游戏。

村学的老师都是民办教师，由村民集资聘请。村学的老师先后由五个识字的崖边人担任，王雄是最后一任，也是教书时间最长的一位。农业合作社时期他上课挣工分，比给生产队干农活要轻松。改革开放后，土地包产到户，王雄工资很低无法全脱产，他便又要当老师，又要务农。成了"教书的农民，种田的先生"。有时候农活太忙，他便给学生放假一天半天。村学有一片一亩左右的田地，归王雄管理使用，学校厕所的粪便就近做肥料。

在我二年级的时候，也就是 1991 年左右，王雄退休了。他的儿子王军平接了父亲的班，用父亲的名字顶班。王军平初中毕业，他比父亲严厉许多，经常会揍不听话的孩子，教学质量也比他父亲时代有所提高。

1999 年，国家对 1984 年年底以前从教的民办教师办了一次转正。王雄幸运转正，成为退休教师。王军平在父亲转正后，顶班的他不能再继续担任教师，就离开了学校。

2000年，甘肃省实施教育资源整合，崖边村学被撤销办校资格，场地划归崖边行政村村委会所有。从此以后，崖边学生全部都去位于邻村山庄村的岳坪小学就读。从崖边前往山庄村步行需要一个钟头。对于七八岁的小孩子而言，这个路程非常远，很多家长对崖边村学撤销非常不满，但也无处诉说。

从1975年建校到2000年撤销办学期间，崖边所有的孩子都要在崖边村学接受启蒙教育。崖边的孩子都是8岁才开始读书，直接上小学一年级，没有上幼儿园的概念。崖边1980年以前出生的绝大多数女孩子都没有入学的机会，重男轻女的思想瓦解了女孩子的求学梦。男孩子大都会在8岁之后走进村学。当然，也有个别家长连男孩子都不送进村学。村学只设置了一至三年级，三年级毕业后进入岳坪小学。岳坪小学有两间土房、三间砖房做教室，桌凳齐全，办学条件比崖边村学好很多。我上岳坪小学时，岳坪小学有5名教师，其中4名是民办教师，以及唯一的一名师范学校毕业的正式教师。

崖边所在的石湾乡共有数十名民办老师，而与王雄一道转正的只有区区几人，别的民办教师因执教起始时间晚于1984年，都没有转正的机会，依然"安贫乐道"奋斗在穷山沟的讲台上。

从2001年起，全国各地陆续清退代课教师（民办教师），截止2005年底，全国代课教师数量从58万人下降到44.8万人。但直到2007年底，全国中小学代课教师依然有37.9万人。……在1984

年之前，我国农村地区没有正式事业编制的临时教师，一律统称为"民办教师"，而且代课教师可以直接转为民办教师。相对而言，公办教师、民办教师是在地方政府造册登记、予以承认的乡村教师；代课教师则是学校临时聘任的教师，地方政府不予承认。……有关资料表明，民办教师早在 1977 年时，全国人数就高达 490 余万。[1]

　　和王雄一样，代课教师和民办教师文化水平普遍非常低，但他们对教师职业有着虔诚的使命感，孜孜不倦地启蒙教育着一代又一代孩子们成长。代课教师和民办教师领着微薄的薪水、肩负着巨大的使命，为中国的教育事业付出了艰辛的努力和奉献，在中国教育史上，不能忘记他们的功劳。

1.《代课教师：教师中的"农民工"》，《中国经济周刊》，2008.10。

没有水，不做猪都难

石湾乡只有一所初级中学，全乡的学生要读中学，都只能赶到乡政府所在地。在石湾中学，90%的学生都要住校，只有乡政府所在地附近几个村的学生可以通校。从崖边到石湾，要么翻山，要么过河。不论走哪一条路，都得走20公里以上的路。

五年级的时候，我就开始向往中学。我不向往中学到底能学什么知识，我向往上了中学以后，可以自己动手做饭，可以住在学校里，这是一种成长渴望症。崖边所有的小孩过了10岁都要干家务，各类农活手到擒来，但做饭对于男孩子来说是生疏的。住校以后的独立自主生活，是我向往的根源。

终于到了上初中的年龄，父亲将积存在某个墙角旮旯的煤油炉子拿出来，再将一个有着不下四个鼠洞的木箱子搬出来，为我收拾行囊。我家的煤油炉子有着悠久历史，它陪伴了我们兄弟三人的初中生涯，我1967年出生的大哥首先使用它，大哥初中毕业之后停止学业；紧接着我1975年出生的二哥又使用它，直到他读完高中，我刚好开始上初中。与煤油炉子配套的是一口熏得里外全部漆黑的铝锅，也是大哥用完二哥用，二哥用完我再用。煤油炉子支锅的三脚架不知什么时候早已生锈腐烂，精明勤劳的父亲自己找来铁皮做了三只脚铆钉在了煤油炉子上；铝锅的耳朵也不知道什么时候早已掉了，父亲同样用铁皮弯制两只耳朵钉在了铝锅上，比原始的还牢固。一套锅灶的使用，实现了新三年，旧三年，缝缝补补又三年。父亲经常感叹：毛主席时代的商品就是做得好，经久耐用。

每一个上了初中的人都要拥有一辆轻便的自行车。在兰州开货车的崖边人阎大忠给老乡搞来了很多轻便自行车，一辆都是百十元左右。我家的轻便自行车就是他搞来的，也是我二哥骑完后再由我骑。

开学了，大哥带领着我，他骑着他结婚时购买的永久牌加重自行车帮我驮着木制板箱，我自己骑着轻便自行车驮着一篮子馍馍和面条，我们去报到。报名手续简单，缴费130多元，这令父亲极为恼火，他此时已因为二哥上大学每学期近千元的学费伤透了脑筋。他的意识还停留在改革前上大学不收钱的社会主义优越感中。入学、领书、分班，这一切大哥都不操心，他最担心的是住校环节。但他必须赶早回家，而分宿舍必须要等到下午才能决定。他帮我把大板箱安置妥当以后，不大放心地走了。

我等到下午，与同班同学被安排在了一间大通铺里。房间的进深只有三米，长度不过四米，依着长度在墙上挖了四个洞，插入两根檩子，靠门的檩子海拔略高，靠墙的檩子海拔略低，两根檩子上铺满了坑洼不平的床板，形成了靠门一边略高，靠墙一边略低的大通铺。四张床板七个人，基本上一张床要睡两个人。整个宿舍除了床铺，余下的一米宽四米长的地方，让出开门的自由度，剩下的地方便摆了一张长条桌，桌子上积了厚厚一次污垢，黑如锅底。床铺下面扔满了树枝、破鞋、尼龙袋、腐烂的馍馍、死老鼠。班主任对住校生下达的第一道命令就是大扫除。将一堆秽物清理出去后，大家都已累得满头大汗。

大通铺最抢手的位置就是两边，可以靠墙。除了墙上钉钉子挂衣服、挂提篮方便外，还可以排除睡在通铺中间被两边的人夹击拥挤的后顾之忧。很顺利，我抢到了靠边的地方，我旁边自然是崖边的另一个人，住进宿舍的人都努力和同村伙伴住成"近邻"。如果是单枪匹马住进大通铺宿舍，自然会成为弱势人物，受到众人的排挤。长条桌是摆放煤油炉子的地方，七八个煤油炉子全部拿出来，桌面已被摆得满满当当。每个人的板箱都放置于床下。我个头小，又靠墙，两米过一点的床头还能摆下一个板箱，既能挡风，又觉得食用油、面条、馍馍等食物放置得干净了许多。

大通铺没电，每个人都用煤油灯。记得刚开学的几天，大通铺宿舍和教室都有电灯，但亮了几天后，宿舍的灯被关了。关灯的原因是：总有调皮的同学搞坏灯泡，更有甚者还会在灯头上接电热毯。校长发现了问题，觉得管理难度过大，便下令彻底切断了宿舍的电源。夜晚来临，晚自习时间教室有明亮的电灯，但有时间限制。勤于学业的人在"法定"晚自习时段内，完全能够完成作业，但不务正业的人总觉得开灯时间不够，便自己端了灯盏在教室里"补习"。逗留教室的人，大多数会在教室内聊天玩耍。有胆子大成熟早的男生女生已经借着上晚自习的机会开始两情相悦了。

尽管学校切断了宿舍的电源，但学校还是规定了熄灯时间。熄灯时间一到，所有的宿舍都要准时灭灯睡觉。即便不睡觉，也要熄灭灯盏。我们宿舍有个叫张彦龙的同学，他用健力宝罐子做了一个灯盏，既大又亮。我们的墨水瓶灯盏在他的健力宝灯盏面前都要败下阵来。有一次，熄灯铃声已响过，他还在玩弄健力宝灯盏，他用手捏挤瓶体，灯火随气压忽大忽小。大家都看着他玩弄健力宝灯盏哈哈做笑。突然之间，值周老师破门而入，张彦龙的健力宝灯盏被打飞，人也被揪出被窝罚站半小时。离他最近的同学也被殃及，我和同村伙伴离墙最近，加上有大板箱的遮堵，瞬间装睡成功，免于受罚。

大通铺宿舍中午和傍晚是最热闹的时候，七八台煤油炉子同时开启，大家都做着一撮葱花加一颗土豆混炒然后加水煮沸再下面条煮熟的饭。食用油爆炒葱花的香味往往还没来得及散发，就被煤油炉子燃烧产生的强大臭气遮蔽。做饭时间，整个屋子恶臭难闻。煤油炉子的臭味还不算什么，最恶心的事情便是周日晚从家里带来的面条放到周四左右时，基本已变质发霉，但不吃也得吃，吃也得吃。住校生每周回家一次，每次都是周五晚回家，周日晚到校。从家里带来的食物一般都要放置五天以上，因此住校生大多都有胃病。

学校缺水，校园内有两口水窖，但这是学校老师的专利，学生不能吃。学生吃水要到一里以外的山沟里打井水。每天中午和傍晚，都有长长的队伍守候在老井旁，期待辘轳加快转速。我和同村伙伴共用一个水桶，我俩基本两天打一桶水就够用了。但这是正常情况。

有时候，井水会犯浑，打上来的水是黄色的，有时候还会打上来泥巴。这样的水无法做饭，就只能用馍馍充饥，等水沉淀好基本要少吃两顿饭。有一夜，我们睡下，听见床底下老鼠跑来跑去，大家都懒得起来。第二日起来，我和小伙伴的水桶里泡着一只长尾巴的大老鼠，只能将金贵如油的水倒掉。

住校生的冬天最难熬，每个宿舍只分500斤煤炭，不过一月就会用得精光，余下的日子大家只能上山捡树枝烧火或者干脆强忍恶寒。那时候，我的班主任叫罗天智。他教数学，我和同村伙伴请教数学后，他关心我们的取暖问题，建议我们两个人睡在一个被窝里，叫做"肉挨肉，十年冻不透"。话虽这么说，我们还是不愿意和别人挤在一起，各自在被窝里强忍寒冷。

住校生最大的问题就是卫生。这是校长最最痛恨却又束手无策的老大难问题。每次集会，校长都会大骂："住校生都像猪一样，宿舍里臭，人脸上脏。真是猪都不如。"清晨，有时候水桶里的水会结冰，想洗脸都没水。没有水，不做猪都难。

学校管理秩序差，住校生的自行车总是被人破坏。特别是后脚撑的弹簧总是被人偷盗。每个住校生回到学校停稳自行车后的第一件事，就是找来一根绳子插入后脚撑的弹簧头，拔掉弹簧，锁进板箱。有一次，我用一根塑料绳拔弹簧时，绳子断裂，头撞上宿舍窗台，顿时血流不止。我跑到集镇上治疗，花去了好几元现金。我已无法记清那么大的一笔款项我是怎么张罗清楚的，反正按照我当时的经济状况，我身上是不会有5元以上现金的。我每周从家里出发，都是只拿1元5角钱，这是灌煤油的钱。父亲是赤脚医生，他的钱放在衣柜里，每次我返校时，他都让我从衣柜里自己拿钱，我每次都只拿1元5角。父亲对我很放心，我也养成了不贪占的习惯。其实我完全可以多拿几角或者几元去买零食或者胡花，但是我从来没有那样做。整个1990年代，每年的物价都在上扬，每年的农业税费都在增长，每年的学费也在增加。我的意识中，能进入学校校门，已经是父亲恩惠的结果。

临近放假的冬季，火炉早已没有煤炭可用，同宿舍的学生也都熟悉了，相互还建立了友情，夜夜守在火炉旁，烧着山上捡来的树枝，互相吃着家里带来的馍馍，谈论着友谊天长地久。

住校生在校长眼里最低贱，等同于猪。因为住校生的宿舍脏、被窝脏、饭菜脏，脏到家的住校生自然人也是脏的。读初一那年，我有个同班同学叫范亚一，他的父亲是石湾卫生院院长，他自然不用住校。我们之间慢慢建立了很好的友谊。有一次，他父亲有事回家，他一个人住在父亲的宿舍，说什么都要叫我去他的宿舍睡觉，我拗不过便跟去了。卫生院的宿舍整齐划一，外墙全是白色的，不像中学的学生宿舍黑乎乎的。进到宿舍，煤炉子呼呼燃烧，整块整块的煤炭不受限制地塞进炉子，烟囱有整整一米高被烧得通红，屋内温暖如春。不像我们住校生的大通铺宿舍，冷如冰窖。范亚一的双人床铺着洁白的床单，这么温馨的环境，我本应该睡个踏实舒服的觉，但我吓得一夜没睡好。因为我身上有虱子，我一直在担心虱子是不是跑进了人家的被褥。这个问题我一直留在心里，从没敢问过。后来大家各奔东西，失去了联系，现在我手头还保存着范亚一送给我的毕业留念品——笔记本，看到他的留言，我就想起了虱子问题，进而面色发红。

　　住校生最羡慕住在外面的人，按照学校规定，无法通校的学生一律都要住在学校里，以便管理。但是学校的宿舍不够用，加上有些学生的家长在石湾集镇街道上做生意，有了居住的便利条件，学校对外面居住的事只能睁一只眼闭一只眼。我有一个同学叫韩锋，他的叔叔在集镇上租了一间房子卖山货，他在狭小的房子里搭了一张单人床，住在里面。冬天自己生了火炉，他经常叫我和他一起去居住，我因此少挨了很多冻。除此外，韩锋的叔叔有时候还会倒卖几袋子苹果，韩锋会偷几个苹果出来，和我一道吃。我吃了人家不少苹果，至今难忘。

　　对于广大的石湾孩子来说，中学是走向成人的重要节点，中学也是让少年走向社会的社会化训练场。1990 年代，石湾中学这个偏僻初中的升学率低得可怜，将考上师范和考上高中的总人数加起来也不足 20%。而崖边的孩子从入村学到上岳坪小学，再到上石湾中学，一路坚持到最后的人总是很少。

　　严酷的环境一般都能锻炼人的意志，但对于崖边的孩子来说，严酷的环境并没有催生出刻苦学习的人。崖边孩子的学习基础太差，崖边大人对教育的意识更差，这样恶性循环的结果，就是崖边人无法依靠教育改变自己的命运。只是一个义务教育阶段的学习，就如同过五关斩六将一样要淘汰掉很多崖边学生，石湾中学基本成了崖边学生学业生涯的终点。

上中职，进"世界工厂"

在"计划经济"时代，只要考上大学，就能获得稳定的工作，有的还能顺利进城并安家落户。这也是"知识改变命运"的具体体现。从改革开放恢复高考以来，一直到1995年，崖边所有的学生都是要么在小学阶段辍学、休学，要么就是上完初中后回家务农、外出打工，很少有人考上高中，更别说考上大学。

崖边诞生大学生的零记录终于在1995年被打破。打破这一记录的人是我的二哥阎海鹏。对于阎海鹏考上大学的消息，村里有的人觉得理所当然，有的人颇感意外，有的人羡慕，有的人嫉妒恨。阎海鹏上大学之后，崖边人对教育的认识似乎变得深刻了一些，知识改变命运的训导得到了强化的普及和推广。

作为师范专科学生，阎海鹏原本应该一生从教。但热爱写作的他却告别了讲台。1998年，他在天水师范高等专科学校毕业后，分配到天水市一乡下中学当老师，他干了不到一年，就辞职干起了媒体记者。2012年，他参加天水市县处级领导干部公开招聘考试，被任命为某单位副处级干部。他也是迄今唯一一个当官的崖边人。

　　阎海鹏是崖边依靠"知识改变命运"成功的典型案例。他之后，崖边也陆续有人考上了大学，但是教育改革扩大招生规模，就业"市场化"寻找不再包分配。尽管政府煞费口舌引导学生就业要多元化选择，不能光盯着公务员和事业单位的岗位。但是，所有有关系能拼爹的人都对"编制"趋之若鹜。而没有关系没法拼爹的大多数人才不得不多元化成临时工，缺失各项保障。农村大学生挤进了城市难以融入城市，面临着落户难、社保难、安家难等诸多难题。"知识改变命运"成了失灵的教条。

　　2003 年以来，中国实施"两免一补"政策。这个制度安排基本落实了义务教育，已经很少再看到失学辍学的儿童。我的侄子阎旭东就是这个政策红利的受惠者，他上学费用的减少，为他的父亲阎海平减轻了不小的负担。接受义务教育的问题得到了很好的解决，但是对于崖边考不上高中，无法进取大学梦的学生来说，初中毕业之后去干什么成了最大的问题。

　　失学的初中毕业生，大多数人都会选择打工。初中毕业生年龄尚小，流向社会就业难度十分大。涉世未深、没有一技之长，他们只能从事简单的、辛苦的体力活。目前，物欲消费至上，"有钱能使鬼推磨"的信条渗透在社会的方方面面。初中毕业后正是一个人思想意识、世界观、人生观、价值观形成的关键阶段，也是极易受到社会不正之风干扰、诱惑的年龄阶段。我从事新闻工作十余年，采访过的命案当中，有 80%-90% 都是青少年犯罪。犯罪低龄化，已成了公安警察最大的担忧。过去犯罪产生的命案多是谋财或者深仇大恨才导致的，但现今的孩子会为了几毛钱而要了一个人的性命。黑社会题材影视剧、暴力游戏、社会贫富分化严重导致的仇视社会心理等一系列原因造成了犯罪的低龄化。

由此可见，初中毕业即失学的问题，不单是失学者个人难以成就美好未来的问题，更关键的是会导致一系列社会偏差行为，严重的直接危及社会安定。

2005年，国家教育部下发通知，将师范类学校的最低办学资格规定为专科，中专类学校被撤销或者合并。国家的导向很明确，学习成绩好的人，直接考高中，接受高等教育，学习成绩差的人接受职业教育，提高劳动素质。

后来，国家教育部又提出了教育均衡发展的问题。中国教育的发展的确非常不平衡，农村学生向城市看齐，城市学生向好学校看齐。特别是高中教育尤为突出。比如一些升学率高的学校，家长会挤破头竞相通过各种社会关系让自己的孩子入学，学校也是"效益"不错。而没有社会资源的人，只能像时任国务院总理温家宝形容的一样"输在起跑线上"。甘肃省调整未来教育布局规划时提出：高中向城市集中，初中向城镇集中，小学向乡镇集中，教学点向行政村集中，未来农村不再设立高中。由此，很多地区的教育方针是：一面压缩高中教育招生人数，一面鼓励发展职业教育。

高中招生名额紧缩，让很多想上高中的孩子不能上高中。很多家长认为，孩子上了高中就算考不上大学，也能上高职，就算考不上高职，上完高中再流向社会，毕竟年龄会大一些。孩子高中毕业之后，人生观和价值目标会基本确立，走向社会就业会成熟一些。

2007 年，阎旭东初中毕业未能考上高中，其时国家正在大力发展职业教育，一家人鼓动他接受中职教育，在位于甘肃省清水县的天水农校学习数控机床。

国家积极鼓励发展职业教育，但是中职教育师资力量薄弱，教学与实践脱节，学成难以致用等问题引起了社会普遍质疑。好多技工学校连紧跟时代的技术设备都没有。一个职业学校老师对我讲：学校给孩子教电焊，一个南方的老板过来一看，说这个我们已经淘汰了，你们先教吧，这些孩子我们带过去还得培训。

在职校到底学了什么，阎旭东自己都说不清，反正稀里糊涂就毕业了。他上学期间，国家对中职生有很多补助，自己花钱并不多。阎旭东中职毕业后，在甘肃天水一家电子科技公司上班。他发现，有很多人没有上职校，照样能在企业干活。便有了"上中职领钱和民工一样多，不如不上"的感叹。

尽管中职教育在 2010 年前后的就业率比高等教育还要好，但就业稳定性差，中职毕业生只能进入一些私企流水线工作，这些私企有活了让大家拼命加班加点，没活了立马裁人。很多职业学校反映，从 2001 年开始，他们的招生人数开始有所上升，2007 年到 2008 年，基本稳定。但从 2009 年开始，招生人数开始出现了萎缩。中职教育的发展的确有效解决了已完成义务教育阶段学生提高劳动技能的问题，但职业教育只辉煌了短短几年就现出了颓势。

阎旭东之后，崖边没考上高中的 90 后孩子绝大多数都上了中职。这些孩子毕业后都去类似"富士康"的工厂上班，他们几乎天天加班，没有 8 小时工作制。缺乏人情味的流水线、冷漠的城市表情、高昂的生活代价……这一系列问题催生了富士康"13连跳"，也是崖边孩子们必须要应对的挑战。

上了中职的孩子都想留在城市，但是严酷的形势让他们很难落户城市。别说南方的大城市，阎旭东想进入天水是非常困难的。他上班的电子科技公司每月工资2000余元，而天水市的房价在2013年已经均价达到了7000—8000元，落户很难。

中职毕业生就业的主渠道是制造业。全球一体化，中国企业在世界分工中只是"世界工厂"。正是阎旭东们组成了中国"廉价劳动力"优势。转变经济增长方式是决定未来中国能否崛起的战略性措施。这是一个伟大的决策，这个转型能做好，中国就会在世界资本主导的强势竞争中立于不败之地。未来中国的生产力能不能促进，更取决于未来的生产关系，如果生产关系落后于生产力，就很难保证未来的进步。

中职的糟糕不仅在中职内部，更在中职之外。教育的问题也不仅在教育本身，而在整个社会制度的构建上。所谓教育不均衡只是社会不均衡的冰山一角，解决教育不均衡问题也是一个系统工程，非教育一个方面发力就能奏效。

改变命运的唯一方式？

1994 年，在岳坪小学的课堂上，民办教师陈再兴发现了一个自己不认识的字——钰，他要求学生查字典得知读 yu。看完字面解释后，陈再兴觉得钰字可用作人名，便问班里的孩子谁没有官名。我的同村伙伴张晓军说自己没有。陈再兴便给张晓军赐了一个钰字做官名。陈再兴鼓励张钰一定要好好学习，只有"知识可以改变命运"。

"知识可以改变命运"的教导时兴了很长的时间。对崖边人而言，"改变命运"的最佳表现，就是走出崖边，脱离农村的苦日子，过上城里的好日子。"知识改变命运"的确是现实社会发展的真实写照。

中国虽然有尊师传统，但创办师范教育的学校，建立系统的师资培训制度，却是在晚清时期出现的。1902 年，清末状元、中国近代著名政治活动家、实业家、教育家、爱国主义者张謇抱着"教育救国""师范为教育之母"的信念创建了中国第一所师范学校——

南通高等师范学校。南通高等师范学校与南洋公学附设师范院、京师大学堂附设师范斋一起被世人公认为中国师范教育肇端的三大源头。此后，师范教育蔚然成风，师范学校的免学费政策吸引了大批家境贫寒的学生，使得相当数量的优秀农村青年得以接受中等教育。这些师范生毕业后回到农村，成了发展教育事业的"星星之火"。这种风气一直延续到 20 世纪末。我二哥阎海鹏初中毕业时，成绩比较好，我的父亲非常希望他上中等师范，但事与愿违，阎海鹏因故没能上中等师范。他考取通渭一中苦读三年，考大学填报志愿时我父亲依然引导他填报了天水师专。

中等师范学校录取新生都是选择拔尖的初中毕业生。张钰不负陈再兴的重望，考取了甘肃临洮师范，成了崖边唯一的师范生。

中等师范学校的设立，为国家的教育事业发展奠定了坚实的基础。梁启超、张謇等一代学人首倡设立师范学校，切合国情，切合民情。但到了新世纪，中等师范教育戛然而止。2005 年，国家教育部下发通知，将师范类学校的最低办学资格规定为专科，中专类学校被撤销或者合并。张钰毕业之后，全国的师范基本上都进行了改革，有的升级为专科，有的改为职业教育学校。

张钰时运不济，费尽周折考取的师范学校在 21 世纪迎来了末日。他辛辛苦苦上完四年中专毕业时，甘肃已经不再直接分配大中专毕业生。所有大中专毕业生都要经过公开的选拔考试，才能进入体制内。而且这种考试竞争激烈，比高考的压力都要大。张钰毕业于 2005 年，其时通渭县的政策是每个大中专毕业生参加事业单位招聘考试的年限只有三年，也就是说，每个大中专毕业生的"保质期"

只有三年，如果考三次试都不能考中，则意味丧失了进入体制内的机会（当然公务员考试还是可以考的，但这个竞争更激烈）。很遗憾，张钰未能考中。

事业单位考试落榜后，张钰远赴西藏。2013年，他已基本安家于西藏，从事推销工作。他原本应该成为一名人类灵魂工程师。

甘肃省最后的师范毕业生通过再考试录用了一部分充实到了农村学校，而另一部分都像张钰一样，被剥夺了教书育人的机会，荒唐地遭遇了"滑铁卢"。撤销师范后，师范类学校培养的都是大专和本科生，甚至是研究生。

一面是教师队伍学历水平普遍提升了，另一面，农村学校缺乏教师的问题并没有得到解决。很多大学生都不愿意回到乡下当老师，即便分配到乡下的老师，也都在想尽一切办法找寻调入城市学校的突破口。

2014年，在岳坪小学，从教20多年的民办教师陈再兴仍以代课教师的身份担当着启蒙教育崖边孩子的历史任务。陈再兴以高中毕业生的文化水平在1994年的小学课堂上为自己的学生张钰上课，他期望自己的学生学业有成。时间过了20年之后，陈再兴依然是一个月薪只有1200元的民办老师，坚守在岳坪小学里开导着一茬又一茬孩子的心灵。而陈再兴优秀的学生之一张钰却在遥远的西藏靠打临工度日。张钰如果留在乡下教书，他会发挥远比陈再兴更强大的专业优势，但是他作为乡间好不容易才培育出来的知识分子，人不尽其才地流向了城市。

沧海桑田，几番沉浮。风云际会的历史变革中，每一个个体生命都是渺小的，人的抱负能否实现，除了个人的奋斗努力还与历史境遇密切相关。

"知识改变命运"的教条被宣导了 N 多年，但崖边人奋斗了几十年，真正依靠"知识改变命运"的成功者只有寥寥几个人。进城打工者回乡的"阔绰"，严重打击了"知识改变命运"的教条。外出打工的人都能买来彩电、影音机，紧接着还买来了摩托。打工的少年成了村庄的"明星"人物。一场聚会下来，总有那么几个上小学或者初中的学生开始满脑子迷上钱，进而在随后的学习中把课本丢进垃圾堆，直到公开与家长谈判休学。有些家长看到别人家的孩子打工赚了钱，自己也跟着目光短视，当即随了孩子的意，任其休学打工。

教育产业化以来，扩招让考大学变得不再那么艰难。2013 年，甘肃省高考上线率达到 77%。这就标志着只要上了高中，绝大多数学生都能上大学。扩招后高等教育的教学质量备受社会诟病，大量学生毕业后就业难也让很多人对"知识改变命运"失去信心。村庄里个别上了大学的人，进城工作走了，但父母亲依然留在村庄，进城工作的儿子为了楼房、结婚整天疲于奔命，根本没有能力为父母亲做贡献。起初家长教育孩子都是要求其向大学生看齐，但眼看着上了大学的人还不如打工的人挣钱多，大学生的光环没了色彩，大家都动摇了心思。"打工去，上什么学，上学还不如去打工。"读书无用论便弥散开来。

从 1978 年恢复高考以来，崖边 70 后人群中共有 4 人接受了中高等教育；80 后人群中共有 10 人接受了中高等教育；90 后人群中，仅 1990–1995 年出生的人已有 13 人接受了中高等教育。崖边接受中高等教育的人数呈现出逐步上升的趋势，这既有人口结构因素，也有扩招的原因。在 90 后孩子里面，接受了中高等教育的人当中，大多数人都是上了高职、中职。2012 年，1992 年出生的崖边孩子王海龙被湖南大学录取，这刷新了崖边无人问鼎国家一类本科院校的记录。

教育的作用在于开化民智。一个国家，一个地区的发展潜力，往往与教育水准休戚相关。崖边的贫穷有地理条件的根本限制，也有教育落后的重大原因。穷山恶水造就了子民的坚韧毅力，也束缚了人们进取拼搏的坚强意志。小家寡民、温饱即安，越是贫穷，越不注重教育，越是不注重教育，越难发展。

《礼记·学记》说：玉不琢，不成器；人不学，不知道。是故古之王者建国君民，教学为先。《兑命》曰："念终始典于学。"学人梁漱溟身体力行乡村建设，提出"教育就是帮助人创造。它的工夫用在许多个体生命上，求其内在的进益开展，而收效于外。无论为个人计或为生活打算，教育的贵重，应当重于一切。"关于教育的重要性，古人、故人、今人，都有一致的认识，但现实的教育总是差强人意。"知识改变命运"的教条背后，是城市化对农村的刻薄压榨，是对农村精英的无情掠夺。"知识可以改变命运"，但是学知识千万不能只为了改变命运。

教育不仅可以帮助崖边人走出崖边改变个人命运，还可以提升崖边留守村民的整体文化素质。在留守崖边的 70 后、80 后人群中，多数人连小学都没有毕业，主导他们生产生活规划的不是科学文化知识，而是沿袭已久的乡村惯例。乡村惯例既包含着人性光辉，又掺杂着迂腐封建和落后基因。是否考取大学不是教育的终极目的，培育有风范的国民素质，构建有良知的社会秩序，教育的作用更显迫切。"君子如欲化民成俗，其必由学乎！"（《礼记·学记》）中国农民"愚贫弱私"的现状只有依靠教育才能解决。

2014 年 8 月 1 日，《半月谈》网刊出《"留农"还是"离农"乡村教育路在何方？》的文章指出：对于农村教育的功能定位，今天也许我们可以超越"离农"和"为农"这种二元对立的认识。即便在未来二三十年我国城市化率达到 75% 左右，仍将拥有绝对数量庞大的农村人口，拥有规模巨大的农业，农村并不会消亡，农业现代化仍然需要高素质的劳动者。农村教育不应该是单一的升学教育，不应该照搬城市化的"应试教育"，而需要满足为升学、城市化和新农村建设服务的三重目标。

文章举例说：吉林抚松县农村学校的教育目标是"为 18 岁做准备"，将缺乏良好习惯、行为粗野的农村孩子培养成"语言文雅，行为儒雅，情趣高雅，心灵美雅之人"。这样，无论学生将来是继续升学、进城打工还是回乡务农，都获得了赖以安身立命的"通行证"。

所有崖边人在极端严酷的自然条件下挑战生存极限，书写了人的尊严和生命的意志。但村庄的每个人在追求精神文明层面都是懒于起步。生存的巨大艰辛只化作了徒手战斗严酷生存条件的坚强毅力，并没有催生出变化角度寻求变革的思想意识。特别是知识的作用在意识观念、经济利益的左右下一直不被重视，这种愚昧还直接导致了乡风民俗的沦落、礼仪道德的滑坡。想到崖边人因为出卖重苦力命丧他乡，想到崖边人为了不起眼的利益纠葛大动干戈直至以死相抵，想到赤贫的状态死活无法得到改善……这一切都与教育的落寞不无关系。礼仪沦丧、道德滑坡的窘境与一个时代的大环境直接有关，而崖边的小环境正是构筑大环境的基础。

遥远的上学路、破败的学校、落后的教学理念、素质低下的教师队伍，伴随崖边孩子成长的教育资源和这里的经济基础一样贫瘠。在这样的育人环境下能够成才，本身就体现的是个人的奇迹。2003年以来，中国政府在教育方面的投入效果明显，比如农村孩子营养早餐工程，彻底解决了西部边远农村孩子的生活困难。在石湾中学，住校生再不像我和我的哥哥们念书时那样，用恶臭的煤油炉子烧火做饭，他们可以在食堂里吃到可口的饭菜。这样的改变具有革命性的意义。

逃离的可能

CHINA
IN
YABIAN

1949 年 10 月 1 日，中华人民共和国成立。

此前，崖边已经随着通渭县城在 8 月 6 日迎来了和平解放。

解放初几年，中国依然处在纷飞的战火中：美国在朝鲜动作；国民党以台湾为基地，余党仍在大陆与新政权作对；大陆深山老林、偏远山区的土匪不时出动扰民。在结束了大的战争后，中国依然面临着严酷的斗争形势。这个时候，当兵无疑有战死的可能。

1949 年 8 月的一天，血气方刚的崖边青年阎林没有告诉母亲，悄悄翻过岳家山，告别岳家山堡子，走向了部队。他的母亲裴秀英当天下午才得知情况。村里人送来阎林换下的衣服，说你家儿子当兵去了。裴秀英闻听，当场蹲坐地面，好一阵子起不来。

通渭县当时隶属于天水地区管辖，阎林被招到天水后，由于识字，被地委截留。新政权急需各类识字人才，阎林被分配到公安部门工作。1950 年朝鲜战争打响，阎林差点被编入志愿军，但他并没有前往朝鲜，也没有闻到前线的火药味。

阎林的同龄人当中很多人并不愿意去冒死从军，大家期待的是固守土地，固守崖边。整个石湾乡和阎林一道前去当兵的人只有十余个。

阎林在人生的关键时期，走出了充满冒险的一步。就是这一步，彻底改变了他的人生轨迹。

阎林是我父亲兄弟中的老大，是我的大伯。

阎林通过当兵走出了崖边，他的其余几个弟弟都在崖边务农，他的父母也在崖边终老。他走出崖边彻底改变了自己的命运，改变了自己子女的命运。

在中国民间，流传着这样一句民谚：好铁不打钉，好男不当兵。在旧社会，当兵是被人瞧不起的，当兵的都是一些没有文化，没有教养甚至是一些地痞流氓或社会上混不下去的人，他们不讲道德，不守纪律，被人痛恨。如同铁钉一样，不及刀枪重要。但在近代革命史上，特别是共产党领导的人民革命史上，保家卫国、服务人民的理念抬高了军人的崇高地位，从此"一人当兵，全家光荣"。

阎林义无反顾地走出崖边，走向军营，绝对是共产党革命意识和民族解放崇高使命感召的结果。他来到军营没有上前线，只是个人运气好，但他从军的初衷充满不畏牺牲的精神。在后来模仿他的崖边人眼中，他通过当兵步入城市改变自身命运的生活才是真正的诱惑。

进入改革开放年代，中国"告别革命"，有了和平预期。当兵成了农民走出村庄的一条可靠路径，成了众人追逐的梦想。很多人当兵完全是为了扭转个人命运，不再有更多的"国家意识"和"国家使命"。上过高中的 70 后崖边青年厉展和厉泉在 1990 年代前去当兵，他俩都留在了部队，并且都提干了。2013 年，厉展是部队连级干部，厉泉是部队副营级干部。在贫瘠的崖边，在孤陋寡闻的崖边人心目中，这两个人俨然是"高级"军官。

在壁垒森严的户籍制度下，教育和从军是两条仅有的、合法的社会流动管道。从新中国建立到 1995 年，崖边一直没有人因教育而实现向上的社会流动，这个管道不通的情况下，从军似乎成了实现社会流动的最佳途径。有了第一代从军人阁林和第二代从军人厉展、厉泉的成功案例，从军成了崖边人为下一代谋出路时倾注最大希望的路径。

希望儿子当兵的家长都能理解包容儿子学习不刻苦，望子成龙的心愿驱使他们深信学习太艰难了。当儿子的错过了利用学习改变未来的机会，做父亲的一定要为儿子再努力一把，扶持他们去当兵。大家都深信只要老子肯花钱，为部队首长送礼到位，儿子的事情就能得到解决。

有了从军热潮，征兵工作非常顺利。在石湾乡，几乎不用花费力气去动员，就有人主动送上门来当兵。在众多的报名者当中，选择谁去当兵，才是基层武装部操心的事。为了孩子顺利前往军营，很多家长挖空心思巴结基层武装部的人，有的不惜行贿送钱。在 2000 年至 2010 年的十年时间，巴结基层武装部的领导和部队现役军官是公开的秘密。巴结武装部的领导是为了让孩子能顺利走向军营，巴结现役军官是希望孩子能在部队顺利成为士官。

2000 年，80 后刚好到了服兵役的年龄，我的同龄人有很多张罗着当兵。1983 年出生的王贵于 2000 年入伍。他能顺利入伍，据说他的二叔王应忠付出了很大的代价。王应忠在兰州搞货运，手头宽裕，也认识了一些人，为了王贵当兵，他曾在陇西巴结了一位在部队服役的现役军官，此人为王贵顺利入伍并转为士官发挥了一定作用。

王贵入伍当年，父亲因故去世，他的弟弟王强只有 14 岁。王贵在军营服役，他的母亲和弟弟在家中苦撑农事，生活很艰辛。王贵的弟弟王强不务学业，在岳坪小学难以毕业，被旁人讥笑已成了学校"校长"。王强在父亲去世后家中劳力不足的情况下，选择了休学，16 岁就开始四处打工。

2010 年，王贵利用当士官积攒的工资，在陕西某市购买了楼房，并顺利成婚。2012 年，将母亲接到了陕西。同年，王贵还为弟弟支付了首付，也在当地购置了楼房，但王强常年打工，出手阔绰，没有很好地存钱，令王贵很气愤。

王贵利用当兵顺利走出崖边，并将母亲也接到城市生活，是方圆少见的孝道之举，深受乡邻赞誉。

1990 年出生的崖边人厉占虎是依靠崖边籍现役军官厉泉成功走向军营并当上士官的人。2007 年，在西北某部服役的厉泉奉命去江苏省征兵，他预留了一个名额。厉占虎在厉泉的帮助下，连续晋级士官。2013 年已在当地安家落户，结婚生子。

为了让厉泉帮忙，厉占虎的父亲经常邀请厉泉的父亲厉强吃鸡喝酒，有时候还要给厉强帮忙干农活。

厉占虎父亲的成功做法成了大家争相效仿复制的样板。崖边村民厉有品有两个儿子，都被送进了军营。厉泉与厉有品同属厉氏，渊源上是一个祖先。厉泉当兵以后，很少回到崖边，但厉泉的父亲厉强和厉有品相互来往非常紧密。厉强所在的厉氏家族出了地主，在新时代逐渐败落。厉强一直都有复兴厉氏家业的期望。特别是儿子厉泉当兵出了名堂以后，他特别自豪。而厉有品略懂乡间红白事礼仪，偶尔会有人请他做红白事的总管。他在村中极力想成为道德权威人物，但一直不被人看好。此人圆滑世故，嗜酒成性，但经常耍赖。他和厉强都成了厉氏家族中的"出头鸟"，两人因而志趣接近。这种良好的关系，可能是促使厉有品下定决心将两个儿子都送进军营的动力。厉有品为了两个儿子当兵，摆了很多场酒席。从入伍请托，到后来为晋士官请托，几乎尽人皆知。

"老四走在前面，老五跟在后面，兄弟两人吃人家的肉，喝人家的酒，真的不像话。"知晓内情的人曾如是说。老四指的就是厉强，老五指的是厉强的弟弟。有一段时间，厉强被儿子厉泉接到了城里居住，厉强在过年时会回到崖边。更多需要巴结厉强的人都会在正月里使尽浑身解数讨好厉强。有人讥讽说："每年正月，厉强来崖边是来'领牲'的。"[1]正当厉有品为孩子当士官费尽心机的同时，崖边宋喜喜的大儿子宋武也到了当兵的年纪，宋喜喜也效仿厉有品，想尽一切办法巴结厉强。

杀鸡宰羊，设席摆宴，赠送猪腿、食用油（这是贫穷的崖边最

---

1. 意思是厉强把自己奉若神灵，吃拿卡要、索贿受贿，接受崖边请托者的敬奉。

厚重的礼物）。另外，孩子进了军营，家长还要为了孩子晋级士官准备2万至3万元，让现役军官去部队打点关节。

2007年，崖边人正在为宋武进军营祝贺时，厉有品的大儿子复员回来了。村人挖苦厉有品说，当兵复员的也应该祝贺。

过了两年，厉有品的二儿子和宋喜喜的儿子陆续都回到了崖边。一切希望化作了泡影，让厉有品和宋喜喜深感耻辱。

宋喜喜在儿子复员后抱怨说："厉强的儿子力不从心，把孩子的事情耽误了，自己后悔请托厉强，当时应该去找陇西的另一位现役军官帮忙。"

阎双贵是我的堂兄，他有两个儿子，大儿子阎东红在2009年被他送进军营。为了儿子当兵，他想了不少的法子。阎东红念书不得力，也是小学无法毕业的"校长"级学生。他为了参军，连初中毕业证都是托人伪造的。像这样的人从军资格都是不够的，但阎双贵打点好了方方面面的关节，顺利让阎东红进入了军营。

进入军营只是实现梦想的第一步，进军营的目的是为了当士官。阎双贵依然循着厉有品、宋喜喜的办法走上了巴结厉强的路子。在崖边，厉氏与阎氏有着很深的矛盾。阎双贵的投机行为不被我们家族中人看好，但阎双贵痴心不改。

厉泉常年在军营，很少回崖边，崖边人想找他也找不到，大家托付的事情只能由其父厉强转达。有一次，阎双贵为了巴结厉泉的父亲厉强，专门杀了一只羊。阎双贵还邀请我的父亲作陪，阎双贵没有文化，但对识字人敬重，加上我二哥阎海鹏是崖边的第一个大学生，已在体制内供职，他请我父亲也是深思熟虑过的。据我父亲讲，同去的人里面，还有厉强的一个哥哥和一个弟弟，他们兄弟三人一同接受阎双贵的请客，好吃好喝后答应为阎东红的士官之路做铺垫。

除此之外，阎双贵还给厉强给过食用油、猪腿等物品。厉强接受请客送礼的做法不一定得到了儿子厉泉的默认，毕竟厉泉在军营忙碌。而所有央求厉泉帮忙的讯息，人们都希望厉强向儿子转达。最不可思议的是，厉泉服役的部队在西北某部，而崖边走出去当兵的孩子有的在新疆、有的在福建、有的在北京，厉泉只是一个级别较低的军官，就算他要为老乡帮忙，也没那么大的能量。如果真的能帮得上忙的话，老乡为老乡谋出路在传统经验里比比皆是，只要不违法乱纪，并不是什么不光彩的事。

2010 年，《中国人民解放军现役士兵服役条例》做了修订，新条例新增士官可以"从军队院校毕业的士官学员中任命"。这一改变，对于崖边低学历层次出身的义务兵而言，想晋升为士官更是难上加难。

2011 年，阎东红退伍，未能如愿以偿成为士官。阎双贵为厉强所做的一切进贡付之东流。

2012 年正月，父亲杀猪，请来了阎双贵和别的村民帮忙。厉强的哥哥看到我和二哥都回到了家中，知道会有酒喝，便主动来帮忙。活干完吃饭时，阎双贵和厉强的哥哥喝醉了，开始对骂。阎双贵借机发泄了一通对厉强的不满。阎双贵为了阎东红当士官的事情，曾用心巴结厉强，但儿子没有成为士官，令他心中怀有屈辱，他把不满发泄在了厉强的哥哥身上，这事显得驴唇不对马嘴。

崖边地贫民穷，但很多人都嗜酒如命，这是一个很大的恶习。

一旦喝醉，很多人会借着酒劲吵闹打架，非常糟糕。我的母亲非常担心两人打起来，一再要求我去劝架，我按兵未动，阎双贵和厉强哥哥都知趣地离开了。

阎东红虽然没有成为士官，但获得好几万元的安置费。给农村户籍的退伍军人发放补贴，是前所未有的。从厉有品、宋喜喜到阎双贵，接连失败的教训严重打击了崖边人的从军热情。

阎东红是崖边从军热潮的终点。2012 年之后，石湾乡武装部已明显感觉到了征兵的难度。

迁徙

CHINA IN
YABIAN

迁徙者

凌晨 2 点，我被亲戚叫醒。睡眼蒙胧中穿衣、洗脸、下楼。亲戚推出三轮车，我懒惰地爬上去。亲戚用他虎背熊腰的身板嗖一下起行。寒意袭身，我蜷缩着身躯蹲坐在三轮车里。

三轮车行进的杨浦区控江路灯影昏黄，照得路面都有些陈旧。街上几乎没有什么行人，只有环卫工人在大尺度地施展手臂，清洁着文明城市的肮脏品。我的意念还停顿在睡意中，行走了一阵子，我似乎睡着了。昏昏沉沉，三轮车来到了虹口区，40 分钟，我们穿越了上海市的两个区。

突然，我被一阵吵闹声惊醒。我看到前方两个卖青菜的男子骑着自行车，驮着两大筐子青菜急速狂奔，后面三个警察拿着警棍穷追不舍。他们前进的正前方，一辆警车闪着警灯逆向驶来。两辆自行车速度再怎么快，也跑不过汽车的拦截。他们被拦下了，自行车和青菜被摔在马路边，人被装进了警车。吱哩哇啦的警笛再次拉响，警车风驰电掣般开走。

"小弟，快醒来，把我的暂住证拿出来。"亲戚一个劲地催促我。我从包里掏出了他的暂住证，准备三轮车接近拿警棍的那三个警察时交出去查验。但非常幸运，我们还没接近他们，他们已经离开了。

这是公元 2000 年发生在上海的一幕。那一年，我的亲戚在上海开了一家切面店，我利用假期时间在他手下打临工。他租住的楼房在杨浦区，切面店却在虹口区。他每天起早贪黑赶路，辛勤劳作。那时候，在上海打工，与辛苦相伴的还有恐惧——警察时时都要盘查暂住证。

一个公民在自己的国土上，拥有身份证的前提下，还要办理一张暂住证，这是举世无双的户籍限制。这种限制让成千上万的进城务工人员提心吊胆，如同过街老鼠。

3 年后。

2003 年 8 月 1 日，《城市生活无着的流浪乞讨人员救助管理办法》正式施行。1982 年 5 月国务院发布的《城市流浪乞讨人员收容遣送办法》同时废止。

从此以后，在中国所有的城市里，没有暂住证不必再担心被警察抓走收容。

收容遣送变救助管理，不仅仅是字面的变更，而是一次制度的变更。这个变更，是一位名叫孙志刚的青年引起的。他用付出自己只有 27 岁年轻生命的代价，葬送了一个抹杀人性的制度。他用年轻的生命捍卫了中国农民的迁徙自由。

孙志刚是来自湖北农村的青年大学生，他于 2003 年到广州某公司任职平面美术师，3 月 17 日因无暂住证被非法收容，三天后死亡，法医鉴定是遭毒打致死。一个公民在自己祖国的土地上，没有暂住证就要被收容遣送，孙志刚的死是不是个例，我们不得而知。但是，孙志刚的死被媒体捉到了，并被放大了，收容遣送才被当成问题进行了解决。从改革开放开始，有千百万个孙志刚在城市里因为没有暂住证而胆战心惊，惶惶不可终日，他们时刻防备着警察的盘查。

收容遣送始于 1950 年代，当时主要是收容国民党散兵游勇、妓女、吸毒者和流浪乞讨人员等，到 1982 年演变成治安管理制度。它作为国务院的法规，主要用于收容有犯罪嫌疑的人，或者流浪、乞讨的人，但有的地方公安机关把它当成法律适用于所有的进城务工人员。有的地方错误地将农民为了谋生进行的迁徙流动等同于流浪乞讨或社会偏差行为。可以说，进城务工的农民在 2003 年 8 月 1 日之前，有很多是没有身份认同、也不被人正视的。

有一些鸟，到死生存在一个地方，不管春夏秋冬四季变幻，它都能适应生存。而又有另一些鸟，则恰恰相反，它们总要随着四季的变迁而举家奔袭，跨越万水千山，人类给了它与时间和变幻有关的名称——候鸟。后者与前者相比，生命更多了一些凶险和变数。为了生存需要，人类也会展开候鸟一样的迁徙。

人类是一个流动性很强的物种。据考古学记载，史前人类就在地球上的陆地与海洋间穿梭迁移。历史很早就记录了侵略、全球贸易与劳动力迁移。大多数文化，甚至是看起来稳固的农业文化，也存在季节性的迁移。农户们往往在农忙时集体耕作，在淡季单个外出（通常到远方）做买卖。在全球很多地区，这些迁移传统体现出显著的等级、阶层、职业和文化特性。[1]

关于人迁移的历史贯穿着人类活动的始终，崖边村从无人到有人，迎接了无数的迁移者。像我的太祖父就是在清朝末年由通渭县的另一个地方只身挑着一副担子来到崖边的。他来到崖边时，只有他一个人姓阎，一百年后，崖边姓阎的人已经接近百人。

逃荒、躲避战乱、谋求更好发展，不管迁徙的理由是什么，像我太祖父这样的自由迁移在中国历史上通常是允许的。但1958年之后，农民被绑在了"我们"的土地上，时刻不能离开，更别说迁徙。在合作化的年代，崖边人离开崖边一两天都是要请假的，否则属于擅自离开。整个合作化时代，我的父亲应算是崖边最"自由"的人，他借用为生产队开手扶拖拉机的职务之便，经常要出村、出乡、甚至出县。为了给拖拉机购买零件，他有时候还要去省城兰州"出差"。相比之下，其余人很难走出崖边。

源自土地的变革力量，导致中国农村在1980年代以后的时间里，发生了巨大的社会性人口流动。他们的流动和候鸟一样，也是为了更好地生存。尽管这种流动交织了复杂的类型和模式，但大多数都是在唐突地迁徙。全国农村都和崖边一样，经历了迁徙的疼痛。

在主流语境中，发生在中国的这种举世瞩目的流动是美好的图景。"家庭联产承包责任制，极大地调动了农民劳动的积极性，生

1.(加)杰布·布鲁格曼著；董云峰译：《城变》，31页，中国人民大学出版社，2011。

产效率极大提高，骤然间农村出现了大批剩余劳动力。'民工潮'让农民富裕了起来。"与人民公社时期将农民彻底绑在土地上相比，改革开放后农民获得的迁徙权力是进步的标志。但农民迁徙的权力并不是完全自由的，这种力求完美正面的叙述，掩盖了其中真实的疼痛和缺憾以及偏差。

2003 年 12 月 18 日，孙志刚的葬礼在家乡湖北省黄冈市陶店乡幸福村举行。他的墓碑上，写下了这样的墓志铭：

逝者已逝，众恶徒已正法，然天下居庙堂者与处江湖者，当以此为鉴，牢记生命之重，人权之重，民主之重，法治之重，无使天下善良百姓，徒为鱼肉。

人之死，有轻于鸿毛者，亦有重于泰山者，志刚君生前亦有大志，不想竟以生命之代价，换取恶法之终结，其死虽难言为舍身取义，然于国于民于法，均可比重于泰山。

孙志刚以生命的代价，为亿万中国农民赢得了迁徙自由权，他理应得到中国亿万农民的纪念。

被剩下的

2008 年春节前夕，中国发生罕见的冻雪灾害，南方数省电力受损，铁路中断，广东火车站滞留返乡农民工 50 余万。

广东省劳动保障厅相关负责人介绍，作为吸纳外来工第一大省，在广东的外省和本省跨区域务工人员有 2620 万。春运前摸底调查发现，受《劳动合同法》实施、取消"五一黄金周"等影响，有意返乡的外来工超过 1500 万人，为历年之最。[1]

一次自然灾害的发生时间与中国人的传统节日春节重合，让全中国人看到了农民工迁徙的庞大和壮观。也就是在那一刻，全国媒体一致惊呼：中国有一亿人口在迁徙中生存。而中国人集体发现这个所谓的问题时，这个问题其实早在 30 年前实行包产到户的时候

1.《为退租外来工解决住房》，《南方都市报》，AA11 版，2008 年 1 月 30 日。

就已经开始萌芽、开始发展、开始壮大。

凡是城市都有农民工，他们是整个中国不能缺少的人群。和保障人类生存需要的粮食一样，生产粮食的农民在中国的现代化进程中再次扮演了主力军的作用。

中国城市数量迅速增加。在轰轰烈烈的大建设中，城市一再漠视农民、歧视农民，却又离不开农民。城市建设、道路清扫、垃圾清运、搬家、装潢……最脏最累的活城里人不论富有者还是贫穷者，都不愿意干。城里人以高姿态的雇主身份拍出几块钱，就可以对一个进城农民呼来喝去、颐指气使。他们忘记了中国人上溯三代全是农民，自己也是农民的后代，只不过自己的父亲或者祖父早一步进城而已。

在世纪之交，我们听到了三农问题、城乡差距、二元结构等概括乡村现状以及城乡差距的词汇。事情还得从1955年说起。这一年，国务院颁发《关于城乡划分标准的规定》，确定"农业人口"和"非农业人口"作为人口统计指标。1963年公安部在人口统计中把是否吃国家供应粮作为划分户口的标准，吃国家供应粮的城镇居民就划分为"非农业人口"，否则即是农业人口。中国城乡二元结构便于此时正式形成。

"非农"户口的人除了可以享受国家的供应粮，还有副食补贴，有公职的还有公费医疗。而农民只有靠自己养活，更没有副食补贴、医疗津贴。"非农业"户口可以报考技校，农业户口一般不允许，只能报考中专，录取分数线比非农业户口高10到20分；非农业户口招工面宽，特别是国有企业、事业单位的招工一般都规定"录用具有城市户口的居民"，农业户口招工面窄，只有矿山、野外勘探、森林采伐和盐业生产等四个行业的有关工种可以从农村招工；非农业户口可以报名服兵役，服役期满由国家安排工作，农业户口适龄男青年可以报名服役，服役期满退伍后仍然是农民。[2]

市场经济让城市飞速发展，农村被远远地扔在了后面。《中国农村扶贫开发纲要（2011-2020）》显示：2010年农民人均纯收入与城镇居民人均可支配收入差距达到 1.3 万元，城乡居民收入水平扩大到 3.23：1。

从 1990 年代中期开始，农民光有粮食吃还远不能真正生活。教育、医疗、农资等一系列现金开销，仅靠土地难以维持。从那时候开始，中国城市化浪潮加剧，处处需要大量农民工，正好迎合了农民的增收需求。

就拿医疗而言，改革开放后，特别是医疗市场化改革之后，80% 的医疗资源为 20% 的城市人口服务，而 80% 的农村人口只享有 20% 的医疗资源。农村私人诊所遍地开花导致乡镇卫生院凋敝。城市医院抢市场、搞创收，医药挂钩，药价不断上涨。农民小病找诊所，大病上城市。在 2000 年前后的 20 年间，就连有较高收入的城里人都大喊看不起病，那么农村人看病难、看病贵的可怕程度就不言而喻。在崖边，小病忍，大病拖是常态。一个农民家庭，一旦有一个人患病，必将拖垮整个家庭。因病返贫的家庭比比皆是。

2. 海天 / 肖炜：《我的大学：1970-1976 工农兵大学生》，北京：中国友谊出版公司，2009 年。

再说教育。中国从 1986 年就施行了《义务教育法》，但直到 2004 年也没有实现真正的义务教育。教育收费和物价一样，一直在上涨，到 2004 年，农村小学生每生每学期的收费达到了 100 多接近 200 元。而初中生则更高，接近 400 到 500 元。

还有农资的涨价问题。农民所需的农资产品全部是经过完全自由的市场经济运转而来，但农民生产的农产品农民并没有自由的定价权，这对农民而言，极其不公平。农民在买和卖的时候，面对的是两个完全不同的价格运行体系。

农民的收入，主要来自农业，而农产品价格被国家限制，没有自由浮动的空间，不像工业消费品可以任由市场和商业操纵。农民无法从农业生产获取收益，只能凭借外出打工赚取工资收入。加上越来越宽松自由的政治环境以及人口自由流动环境，很多人强化了外出打工。

20 世纪 80 年代末期，崖边开始有人外出务工。1988 年，我的大哥阎海平也开始外出务工。时年他 22 岁，我只有 6 岁。我每天都盼望着他能早一天回家，带回自己羡艳不已的糖果。

大哥那时候正是家里的主要劳动力。我们家里那时候共有 6 口人，奶奶是丧失劳动力的老人，父亲母亲是主劳力，二哥是学生，姐姐是半劳力，我是小孩，数来数去只有大哥在整个家里最得力。但他那时候到了娶媳妇的年龄，父亲给大哥在邻村托媒人说了对象，那时候农村彩礼风气日渐兴盛，全家拼命干活所得的收成只能解决全家人的温饱，除此之外没有大的收成。粮食刚好够吃，不能果，再就是喂一头猪，等到年关出售，顶多能卖 190 元左右。全家所有收入和婆媳妇之间差距甚大，打工成了唯一出路。

1989 年，我来到兰州市一个建筑队从事重苦力劳动，每天工作 12 到 13 个小时，工资 5 元，每天还要扣除伙食费 1.7 元，也就是说每天 12 个多小时只能挣 3.3 元。不请假、不得病，每月干够 30 天，也只能挣 99 元。我 1989 年在兰州干了 8 个月一共挣得工钱 660 元。

1989 年，阎海平结婚，彩礼还有结婚置办酒席等事宜共花费 2000 多元，这笔开销需要他打工数年才能还清。1990 年，阎海平的第一个孩子出生，1992 年，第二个孩子出生。阎海平结婚时欠下的债务还未还清，生儿育女的家庭负担又接踵而来。等奋斗多年将结婚的欠债还清时，阎海平的孩子已经开始上学。高昂的学费、农资等负担促使阎海平每年都要外出打工。他每年都是农忙在家干农活，农闲在城市干临活，两头跑两头都做不好。阎海平从 1988 年开始打工，到 2004 年停止打工，共持续 16 年。16 年打工生涯，他只能从事一些粗重的体力活，由于"半工半耕"的原因，他一直未能学到一门像样的、省力的手艺进而由农过渡到工。总体而言，阎海平属于保守的人，而社会大迁徙的机遇是留给冒险者的。

在崖边的打工者中，有一类人由于没有成家，长年在外，但他们的根还在农村，每年过年都要回家，只能在城市与农村之间往返迁徙。往返迁徙的人在外面节衣缩食，尽量减少开支，每年都能有存款，这一部分人可以攒钱翻新房子，准备娶妻。还有一类人敢于彻底抛开土地常年在外奋斗，这些人富有冒险精神，敢于舍弃土地，能够实现由农变工的身份转换。这些人基本上都有较好的前景，有的甚至举家搬进了城市，融入了城市。像阎海平属于亦城亦乡"推生活"的人，半农半工的状态持续了 30 年，到头来还是得呆在崖边做农民。

主流语境中，中国农村存在大量的剩余劳动力，是打工迁徙解决了农村剩余劳动力的就业问题。其实，每个农家外出的都是类似阎海平一样的青壮年劳动力，也就是最关键的劳动力，有的家庭甚至让所有的劳动力都进城务工。这样看来，迁徙的并不只是剩余劳动力，而是每个家庭的"顶梁柱"，每个村庄的鲜活劳力。迁徙是整个农村劳动力围绕生产要素向城市的转移，是农村"精英"迈向城市的社会向上流动，是农民不得已而为之的背井离乡的求索。而留下来的人多是老弱病残，是丧失了或者没有劳动力的人。如果非要说迁徙的都是"剩余劳动力"，那是因为包产到户后放弃了农村建设，让大量农民农闲时真的闲了下来。合作化时期，农民一年四季都在农村劳作。春种秋收，农闲大干水利，不存在劳动力的剩余。而包产到户后，农民各种各的地，农村水利等基础设施建设停止，农民在农闲时节的确无事可干。由于年富力强的劳动力大面积迁徙，导致农村没有了生机、没有了希望。老弱病残困守乡间，才是整个国家的"剩余劳动力"。

迁徙之痛

"我不想去了，还是在咱们崖边待着舒心。"

"你不想去就算去了。"

"不去不行啊！家里没钱，要给娃娃们攒学费呢。"

2010年春节刚刚过完，崖边中年人王祥又到了离家打工的时候，他对妻子表露了不愿意背井离乡的心声。

正月十九刚过，王祥还是踏上了出发的道路。

爬上岳家山，从岳家山古堡下面经过，走向山外的马陇公路，他就可以奔向山外的世界。王祥在赶往马陇公路的中途，碰到了赶集的崖边中年人阎荣光，两人年龄相当，但王祥常年在外打工，他俩很少相见，他们亲热地一路边走边聊。

"早上临走我还给老婆说，我不想去了，老婆说不想去别去了。但我想了想，还是去吧，给娃娃攒钱了。"王祥说，"打工的地方在新疆哈密一个铁矿，既遥远又危险。"

阎荣光陪着王祥一直走到马陇公路，看着王祥挤上了发往兰州的公共汽车后，才赶往石湾集镇。

王祥在铁矿打工的日子，每天早晨都要给妻子打电话，叫醒妻子，让妻子按时送孩子上学。王祥在2010年初春回到铁矿后，依然坚持这么做。王祥的妻子已经形成了习惯，每天没有丈夫的电话，她都会觉得不自在，不踏实。

突然有一天，王祥没有打来电话，王祥的妻子疑虑重重，她想打电话过去询问一下，但是她为了不耽误丈夫干活，忍住了没打电话。整个一上午，王祥的妻子心里都不踏实。她最后忍不住还是打了一个电话，但电话无法接听。整整一天，王祥的电话都无法接通，王祥的妻子心慌不已。

王祥的妻子用其他办法联系王祥，传来的是一个噩耗：王祥死了，死在了铁矿里。

王祥的家人派出代表，与铁矿交涉，获得赔偿24万元。王祥有两个孩子，王祥死后，王祥的妻子没有改嫁，寡居崖边，抚养着两个孩子。

鲜活的壮年男人离开村庄，撕裂了乡土沉静的表情。村里人的死亡让村庄像挨了刀子一样疼痛。阎荣光是崖边最后接触过王祥的人。王祥死后好几年，阎荣光提起王祥，总觉得如同昨天刚见过他："印象深得很，每次想起来都记忆深刻得很。他最后走的那天给我说了好几遍，说他有点不想去，但是不去不行，要给娃娃攒学费。他好像有预感要出事，结果他再也回不来了。"

在汹涌澎湃的大流动中，崖边早在王祥之前已有3个人在打工过程中非正常死亡。他们在背井离乡的迁徙中，如微尘一般离开了生养他们的土地、离开了父母、离开了妻小。在人生地不熟的异地他乡，一个农民的死微不足道。但在他们的故土，不管他怎么死去，亲人和乡亲们总会用最隆重的仪式将他们埋葬。但死在外面的人什么也没有了，找寻他们的亲人往往是带着悲痛去，带着悲痛来，再把悲痛用岁月慢慢咀嚼……

1995 年开始，崖边青年厉统帅便常年奔波在外地打工，1999 年他在江苏打工期间死亡。1999 年，崖边没有电，没有电话，外出打工的人只有通过写信才能和家中联系，厉统帅到底怎么死去的，家里人都无法确定。厉统帅的父亲最后得知的只是儿子死去的讯息，连尸首都没见到，儿子没了，再也找不到了。

"我和他二叔赶到江苏，公安说人死了。我说让我看一下我的孩子，人家说看不见了，已经火化了。我们说怎么死的，人家说死因不明，死人是在草丛里发现的。人家说把骨灰带走，我没法带啊！我的孩子还没成家，按崖边的风俗，不能埋葬的，我们就将骨灰扔了。"十多年后，厉统帅的父亲提起儿子时，依旧泪光闪闪。

厉统帅比我稍大一些，我们在崖边村学一起上过学，我一年级他三年级。记忆中，他个子大，长什么样子毫无概念。他是学校的娃娃头子，既是崖边村学民办老师王雄管束学生的帮手，也是帮助老师打扫厕所，往地里上粪的主要劳力。他的死去悄无声息，他是我崖边同龄人中第一个死去的人，死在了求生存的道路上。

2007 年 8 月，崖边青年谢岁祥死于甘肃兰州市区段黄河。死前他在黄河上的一家采砂船上打工，死后，经协商，采砂船老板赔付了 12 万元。

谢岁祥和我同岁，记忆中他是一个腼腆的男孩子，面庞白净，话不多，很规矩。我家和他家距离远，我们有来往、有联系，但不是经常见面。早早外出打工的少年，和我们坚持上学的人不大交往，偶尔的见面或者交谈没有留下深刻的记忆。

有一次去兰州出差，办完事，我赶到了黄河岸边，看着缓缓流淌的黄河水，我猛然想起了谢岁祥。温顺平稳的黄河曾吞噬了我的老乡，令我内心恐惧顿生。

2009年9月，崖边中年男子张海龙死于甘肃嘉峪关某铁矿，死后矿主赔偿16万元。张海龙膝下有一儿一女。张海龙身材高大魁梧，面庞标致，打篮球的动作非常帅气。

非正常死亡带来的后果是老人没了儿子，妻子没了老公，孩子没了爸爸。一个青壮年农民的死去，相当于一个家庭抽掉了"顶梁柱"，这个家庭随时都有垮掉的危险。

2007年至2010年，几年间，多名鲜活的青壮年人相继在打工过程中夭折，让整个村庄陷入了萧杀和恐惧，死亡的阴影笼罩着村庄的每一个活人。崖边在头人势力和封建迷信势力人物的主持下，请来巫师开展了一场安村的迷信活动。2011年冬天我回到崖边时，村庄四个方向的树枝上还挂着驱邪的稻草人。这是陷入恐惧的人们唯一可以用来安慰自己心灵的办法。

改革开放30多年时间，高楼大厦崛起的地方，民营经济腾飞的地方，铁路、公路、桥梁畅通的地方……处处都有农民工的足迹。农民工是建设大军的主力，但他们是地位最为卑贱的人，是社会最底层的群体。进城务工的农民多是没有文化、没有手艺的地道农民，他们只有一具生龙活虎的身板，只能从事重体力劳动。

在整个毫无保障性可言的迁徙中，农民进入城市之后，都会碰壁，城市冷漠的拒绝造就了无数个或大或小的悲剧。

城市是陌生人世界，与乡土中国的熟人社会完全不同。人类种群扩大，生产力发展，城市发达，熟人社会的互惠机制难以调适城市陌生人之间的人际关系和社会管理。这是一个深沉的忧伤问题，不是哪一个民族独有的问题，也是一个难以解决的问题。

农民工工资低，所谓的人口红利大多被城市掠取。"有专家测算，公元1000年时，北宋都城汴京一个民工一年的收入可购买的大米数量，如果按照2009年的粮价折算相当于3200美元，正好等于2008年我们人均GDP。历史前进了1008年，农民工的收入不升反而下降了许多倍。"[1] 就是这原本少得可怜的工资，还要经常被黑心老板拖欠。

在大批农民涌入城市打工的过程中，权利被侵害的事每天都在发生。拖欠工资、人身安全受到威胁、超时工作、劳保措施不到位等问题十分突出。

崖边人张选平和妹夫前去某城市煤矿打工，他们在煤矿从事地面装车工作。一月后老板不发工资，他俩想走人，矿老板不让走，人身自由被限制，且安全受到威胁。他们利用夜间矿老板爪牙不在意的间隙，悄悄爬上拉煤的卡车，逃出了矿山。很多年后，张选平提起此事，依然心惊胆颤。

---

1. 刘奇：《中国三农"危"与"机"》，8页，北京：中国发展出版社，2014年。

那一次幸好我妹夫人机灵，把我连拉带拽，我们才爬上了卡车。卡车司机不知道，摸黑出了矿山，一直走，走了很长时间，到了公路沿线，卡车司机停下来尿尿，我们才悄悄溜下来，找方向，往有亮光的地方跑。铺盖扔了，饭缸子扔了，两把新新的铁锹也扔了，啥都没拿。身上没钱，差点儿回不来了。

几乎每一个外出打工的崖边人都有张选平类似的经历。在我故乡通渭县的邻县甘谷县，就有一个名叫王斌余的青年，因为工资被拖欠，逼起杀心，连刺数人，酿成了震痛世人的惨案，也酿造了一个大悲剧[2]。讨薪杀人后，王斌余被关押在看守所，他无奈地说："我觉得看守所是个好地方，比工地好。"在得知自己一审被判死刑后，他发出了声声呐喊："我只是想老老实实打工做事挣钱，为何就那么难？""如果有钱的人欺侮我们，我们没钱的人只能以生命来捍卫权利！"

2003年10月27日，时任国务院总理温家宝在重庆市调研时，

---

2. 农民工王斌余因父亲腿被砸断急需用钱，便找老板多次讨要工钱，未果。此后他找劳动部门，找法院，都无济于事。走投无路的王斌余又折回包工头家讨薪，被骂成"像条狗"，遭到拳打脚踢。极度绝望和愤怒之下，他连杀4人，重伤1人，后到公安局投案自首。……关于王斌余案的是是非非，也许并不是最重要的，更重要的是案件背后反映的社会问题。正如王斌余在自白中所说的："我的生命事小，我希望党和国家能重视我们农民工，希望社会能够关注我们，尊重我们！"参见新华网《新华视点：谁该为"王斌余悲剧"的发生负责？》

农民熊德明向温家宝如实说了自己丈夫2300元工钱被拖欠的情况。温家宝得知后当即指示地方政府要解决好拖欠民工工资问题，六个小时之内她就拿到了被欠的工钱。

一国总理为一个农民工亲自讨工钱，足见保障农民工权益的制度漏洞有多大、用人单位道德水准的下滑和社会诚信的缺失有多严重。熊德明是幸运的，她的幸运在于她亲自见到了总理，而全国千千万万个"熊德明"难见总理，有苦难言。比如2007年媒体揭露的山西"黑砖窑事件"，达到了令人发指的程度，受迫害的童工们比夏衍笔下旧社会的包身工更加悲惨。

在这样的背景下，2008年1月1日，《劳动合同法》正式施行。这是一部规范劳动关系的重要法律。这部看似对劳动者极其有利的法律，在它实施前，它所准备约束的对象用人单位早已有了应对之策。2007年年末，中国各大企事业用人单位推出了一股辞退员工的潮流，资方赶在2007年12月31日前清除所有的员工，转而以临时用工的方式与员工签订合同，有的还采取了和劳务派遣公司联盟三方签订合同的方式，让自己员工的工龄全部"清零"。原因是《劳动合同法》提出："劳动者在用人单位连续工作满十年的，应当订立无固定期限劳动合同。"

就这么一个法律条款，已经让中国的资本一方大为担忧。面对用人单位对员工工龄"清零"的做法，全国人大和全国总工会接二连三有人出来批驳这种做法是违法、是短视。但批驳无济于事，2008年"两会"召开期间，来自商界的全国政协委员大声疾呼，应去掉《劳动合同法》关于无固定期限劳动合同的条款，引来网络热议。

在网上打口水仗的人一方代表资方，一方代表劳方。争论正酣之际，美国传来的金融危机给中国的民营企业带来了寒流。好多民营企业倒闭关门，裁员风席卷江南沿海，《劳动合同法》已淡出人们的视野，政府全身心投入保企业、保就业。

　　劳资尖锐对立的本质，不可能因为一部法律而消失殆尽。更何况，这部法律的施行困难重重。就在本书写作过程中，《劳动合同法》于2012年又进行了修改，并于2013年7月1日起正式施行。新的《劳动合同法》更规定，"临时工"享有与用工单位"正式工"同工同酬的权利。法律有明文规定，但全国没有一例成功执行的案例。广大"临时工"只能眼睁睁看着自己的雇主违反《劳动合同法》，但又不敢举报，不敢反映。因为一旦举报，"临时工"会连现有的工作机会都丧失殆尽。法律条文如同摆设。

　　有调查显示，目前"五险一金"在农民工中的落实比例不足三成，这是《劳动合同法》不能得到贯彻落实的必然结果。

　　《劳动合同法》不能贯彻落实，进城务工人员的权益保障就无从谈起。我从事新闻工作，几乎每月都能接到拖欠工资的投诉，但我供职的媒体单位没有足够的能力为农民工讨回工钱。投诉者反映的焦点集中在：各类工程层层转包导致用工行为恶劣，疏离于法律监管之外；执法单位很少主动出击，即便农民工投诉了，也多会推诿扯皮，一拖再拖。随着城镇化步伐更进一步加快，越来越多的农民要进入城市谋生，《劳动合同法》确定的对劳动者基本权利的保障是基础工程，没有对进城农民生存保障、权益保护的落实，难有顺利推进的城镇化。

城乡分野、差距拉大，农民梦寐以求进入城市。受户籍限制，近半个多世纪的中国农民只有考学、当兵、打工三条路径可以实现迁徙城市的梦想。乡村的活力由这三根"吸管"不断被城市化抽走。

城市一边嗜血般渴求农民支撑自己的壮大和运行，一边冷漠地拒绝着农民的融入。中国城市化在这样一种矛盾交织的状态中畸形推进，每天上演着血泪和悲情交集的人间悲剧。

从落后的乡土向城市化过渡，迈出的应当是先进的、文明的、向前的步伐，但早走了一步路的城市和乡村之间壁垒森严，城市对农村只有鄙夷、唾弃，彼此没有共同价值。先进的一方从没有要拉一把后进者的姿态，农村在无数次面临崩溃之际，总要冒死抗争，之后，一部分人融入城市，一部分人继续留在农村。日复一日，年复一年，人类历史似乎始终保持着这种差距。

沦陷的土地

CHINA
IN
YABIAN

崖边的隐痛

崖边村有人的历史可以上溯至明朝末年。崖边没有自己的历史文献记载，但人们根据死人的坟茔推断出了大致年代。来到崖边生存的所有人都是奔着崖边的土地而来的。尽管这里没有森林、没有矿藏、没有任何资源。

这里十年九旱，这里的黄土层是全世界最厚的，左宗棠曾感喟"陇中苦甲天下"。联合国曾确定这里是最不适宜人类居住的地区之一。这贫瘠地域年降雨量只有 420 毫米左右，无霜期 135 天左右。适合在这旱海里存活繁殖的作物有小麦、糜子、谷子、洋芋、胡麻、荞麦、玉米等。广种薄收的生态环境，不能赐予这里的人民以更丰富的食物。严酷的自然条件下，这里的人民用世代传承的坚韧毅力与大自然搏击，汗水和勤劳绵续着生命的尊严，绵续着对于生存的渴望。

在这片土地存活，只能与这片土地较劲一辈子。

在战火纷飞的动荡年代，人的迁徙移动是双向的，有农民向城市的迁移，也有城市人口向农村的迁移。有近距离的迁移，也有远距离的跋涉。来这里定居的厉氏家族作为原住民，拥有土地最多。1940 年代末从甘肃天水来到崖边的杨发荣，是最后迁入崖边的居民，他和很多人一样一无所有，只能在地主家里做长工。杨发荣的遭遇是大多数中国农民几千年一致的遭遇，所有人早已习以为常。

1949 年中国广大地域迎来解放之后，土地革命的火焰才烧到了崖边。

土地革命拉开了中国乡土世界变革的闸门。

土改过程中，崖边全村确定地主一户，富农一户，其余都是贫下中农。杨发荣和其他没有土地的人一同获得了土地，杨发荣还获得了地主的房屋。这犹如一场梦，这个美梦的实现，让杨发荣几乎不敢想象。这时候，崖边村共有土地 1450 亩，人口 190 人。[1]

像杨发荣一样借助土地革命拥有土地的农民，干劲冲天。过去备受压迫的奴役式劳动还不能果腹，如今属于自己的土地，收获的成果全归自己，这干劲来得自然、来得合理、来得踏实。每一户人都在精心耕种自己的土地，曾经备受地主欺凌的日子一去不复返，填饱肚皮，获得自由，人才有精神，才有梦想，才有未来。

"富者田连阡陌，贫者无立锥之地"是中国古代农村经济社会的真实"面孔"，是土地革命真正对这一老"面孔"实施了"美容手术"。

---

1. 这是崖边生产队时任会计阎武根据回忆给笔者提供的数据。笔者向他索取农业合作社时期生产经营账单时，他说账单包产到户后一开始收拾得很好，他等待着上级政府来收回这些历史档案，但后来一直无人过问。眼看着很多账单被老鼠咬碎，他便彻底销毁了全部账单。

农民分到手的属于"我"的土地，很快变成了"我们"所有。崖边农民在土改后不到 5 年的时间，走向了社会主义公有制、集体化的实践。

1956 年至 1958 年，短短三年时间，崖边农民经历了初级农业合作化、高级农业合作化、人民公社三个大变革。

1958 年 8 月，通渭县用 10 天时间实现了全县人民公社化，全县的 169 个高级农业合作社办成了 20 个人民公社，下属 1414 个生产大队。区乡建制被撤销，实行政社一体化体制。[2] 同时，石湾公社成立，崖边村成了石湾公社山庄大队的一个生产队，全村人一律入社。原高级社集体所有的土地、林园、公共建筑、水利设施、农机具、牲畜、粮食、物资、公积金、公益金等基本设施和财产以及社员的自留地、开荒地一律归公社所有。社员的自留畜禽、私有树木、小型农具等全部折价归社。每个劳动力都由生产队进行管理，每个劳动力的劳动量都由生产队考核，每年年终进行决算，按劳取酬。

经历过逃荒避难的杨发荣对这疾风骤雨般的变革，满怀信心。集体化劳动，让杨发荣这个崖边最后的外来户，才真正融入到了崖边的社区生活和社区秩序当中。他和所有农民一样，感受到了平等的要义和价值。但随后发生的一个特殊事件，阻断了杨发荣的一切梦想和希望。

1959 年四五月间，崖边发生了一起命案。

社员厉稳汉突然发现自己的母亲死于炕头，母亲积存白面的瓦罐碎于地面，仅有的 10 斤白面撒得满地满炕都是。

2.《通渭县志》，24 页，兰州大学出版社，1990 年。

崖边生产队负责人开始着手破案，很快就将嫌疑人锁定在了社员杨发荣身上。因为他的手指有明显的伤痕，留有牙印，是被咬出来的。杨发荣立即被生产队控制，经过审问，杨发荣承认厉稳汉的母亲是他谋害的。

原来，杨发荣饥饿难耐，他瞅准大家上地干活的机会，将"罪恶"的黑手伸向了厉稳汉母亲的瓦罐。就在他即将得逞之际，厉稳汉的母亲突然出现，逮住了他，并死死抱住他的大腿不让离开。他便掐死了老太太，以防她将事情说出去败露自己的罪行。

案件侦破，杨发荣被捉拿归案。厉稳汉怒火中烧，他找来麻绳，将杨发荣绑在树上，用铁棍殴打，使其严重受伤。随后杨发荣才被送交上级公安部门，后来死在了监狱。

杨发荣来到崖边起初只是一名长工，伴随解放的希望，杨发荣原本可以在崖边立足扎根，成就一户人，或者一个家族，但是他的希望被自己亲手破灭了。杨姓家族也在崖边从此消失。

杨发荣犯罪的动因，完全是因为饥饿。

1959 年 4 月开始，崖边不止杨发荣陷入了饥饿，所有人都在与饥饿作最艰苦卓绝的斗争。

"1959 年冬，饥荒让崖边自然村上庄只剩下了 1 户人，这 1 户人只剩下了 1 个人，这个人就是我[3]。当时，我只有 10 余岁。我家里本来有 7 口人，其余 6 人全被饿死。"

2010 年农历正月，我在回家过年时，时年 60 多岁的厉劝仁和

---

3. 崖边自然村分为上庄、下庄、山上，其中山上的人家就是我的家族，当年总共只有 13 人。

我父亲阎明聊天时，不经意间说出了这段往事。

"你一个人谁管你？你是怎么活下来的？"

"那时候的事情再不能提了，再不能提了。"厉劝仁摆了摆手，拒绝回答我的问题，他不愿意再提起往事，他不愿意再触碰心中刻骨的伤痛。

陪伴我童年和少年时代的故事，不是童话，不是动画片。而是村庄老人关于饥饿的回忆。我的奶奶在1994年去世前，一有闲时间，就会讲民国18年（1929年）挨饿的故事；我的妈妈一有闲时间，就会讲1960年挨饿的故事。关于挨饿的故事，她们讲了千百遍，还在讲，不厌其烦。我的耳朵早已听出了老茧。潜意识里，崖边的很多孩子都种下了担忧饥饿来临的恐惧。

阎武，我三叔。时任崖边生产队干部。

2009年他回忆说："最饿的时候你三妈给我用榆树皮子磨的面打面糊糊，一次两缸子，一缸子上午喝，一缸子留着下午喝。你三妈自己只能吃野菜、麦衣（小麦皮）。我去厉文维家里，厉文维的父亲饿得趴在炕上，把麦衣点燃了烧成灰在吃，还招呼我也吃一点。厉文维父亲最后饿死了，但他在自己临死的时候，还不忘招呼我。那老汉心好。"

我的爷爷阎兴堂是山庄生产大队的副书记，饥荒期间，他的家里存放着一些籽种，他时刻防备着有人偷食籽种。即使自己的子孙后代面临饿死的危险，他依然不让食用。

阿公（阎兴堂）管得严得很，守在家里。我说爸爸你看，房背

后好像过去了一个人，阿公一听提着棍就去追，以为是偷籽种的人。我赶紧脱下外衣包了一包洋芋籽，跑了，给我的两个儿子吃，才保住了性命。我的二儿子那时候已经饿得肠子都出来了，女儿已经饿死了。我从那一年挨饿以后，不怀娃娃，不能生养了。

2013 年 12 月 18 日，阎兴堂 82 岁的儿媳妇，也就是我二叔阎琪的妻子董巧环，给我分享了自己成功偷食公共籽种战胜饥饿的"胜利感"。

2010 年左右年过 60 岁的老人都能记得当年挨饿的情景。据老人们回忆，崖边那一次挨饿，有些人家全部被饿死。其中魏氏家族就在崖边消失绝迹了。有的人说自己在一天之内就碰见了 4 个饿死的人。

崖边人所经历的饥荒，在全国很多地区都曾发生。部分农村地区出现人口大量非正常死亡，直到 1962 年情况才有所好转。人们由此将 1959 年至 1961 年，称作"三年自然灾害"时期。

"三年自然灾害"期间，崖边阎氏家族共有人口 13 人，其中两人被饿死，分别是我二叔阎琪的女儿和我三叔阎武的儿子。我的爷爷阎兴堂和三叔阎武分别是山庄生产大队和崖边生产队干部，但家中依然饿死了人。其时，崖边另一名干部家中也存有公社的籽种，他们家族的人偷食籽种，没有饿死一人。是"三年自然灾害"时期崖边唯一没有饿死人的家族。

阎武 2009 年回忆说："1958 年人民公社化时，崖边的人口由 1952 年的 190 人增加到了 222 人。'三年自然灾害'结束后统计，崖边人口由 222 人减少到了 145 人，其中死亡 59 人，外流 18 人。死亡人口中，绝大多数是饿死的，即便病死的人也多由饥饿引发死亡。"

至 1961 年底，全县农业人口比 1958 年底减少 7.8 万多人，先后死亡耕畜 3.2 万多头，杀吃羊只 4 万余只，猪、鸡、猫、狗等畜禽几乎绝了种，拆烧民房 5 万余间，伐烧树木 27 万余棵，劳动力减少 31%，耕地荒芜 36 万余亩，严重破坏了生产关系，阻碍了生产力的发展。[4]

崖边所在的通渭县是全国饥荒的重灾区。1960 年，时任中共西北局书记刘澜涛在一次会议上说："今后每一任新到县委书记都要首先了解和吸取通渭这一历史经验教训。"

崖边老人回忆说，除了天灾，各地刮起的"浮夸风"是导致饿死人的直接原因。农业生产的大计划、高指标、高估产、高征购，弄虚作假，导致农民的口粮几乎被掏光。另外，各种大项目占用了农村劳动力，致使农业生产受到影响，收成大幅减少。

1958 年，全国各地贯彻中央提出的三面红旗（"总路线""大跃进""人民公社"）口号，自力更生、独立自主开展的大项目相继动工。甘肃省这一年开始实施"引洮工程"，计划将洮河水引到陇中定西、平凉、天水等地区多个干旱县。在通渭县，有大批劳力

4.《通渭县志》，178 页，兰州大学出版社，1990 年。

被抽调到"引洮工程"。与此同时，本县也启动了一大批诸如水库、土地平整等基础设施建设项目。"引洮工程"启动后，崖边共抽调青壮年劳力24人，由我的三叔阎武带队赶赴工程一线。2009年9月，他给我回忆说：

4月份到工地，选拔了一些木工，做了一些推车，还找人编了一些箩筐，所有的活都是手工干。后半年来了一些炮手，带来了炸药，能省劳力，但土方都是靠人力一点一点运。当时的口号很响，比如"手推车儿如雷吼，几车推倒麻黄梁。"[5] 但事实证明，干了好多年，工程还是失败了。

1958年后半年，"大炼钢铁"开始。在洮河工地的崖边人被抽调了8人，由阎武带领赶往兰州皋兰，参与大炼钢铁。

挖了一个大坑，里面铺的石条、煤、矿石，点燃以后，一点都没有炼成。最后失败了，失败以后，又弄了一些小高炉，小高炉炼成了一些。

到皋兰大炼钢铁的人一直劳动到腊月才返回崖边。阎武返回崖边后，又调到石湾公社山庄大队担任了工厂会计[6]。石湾公社成立

---

5. "引洮工程"通渭工区位于渭源县麻集乡，麻黄梁是麻集乡境内的一座山，也是通渭工区施工的重点区域。（引自庞瑞林《幽灵飘荡的洮河》，230页，作家出版社.2006年）
6. 此时，崖边是石湾公社山庄生产大队下辖的生产队。

后，共设立了 8 个生产大队，每个大队都办了小工业。这是落实中央"把一个合作社变成一个既有农业合作又有工业合作的基层组织单位，实际上是农业和工业相结合的人民公社"部署的具体体现。当时，中央决定人民公社既是经济组织，又是基层政权机构，工、农、商、学、兵五位一体，农、林、牧、副、渔各业综合经营是设定的目标。山庄大队当年设立了木厂、火硝厂、土肥厂、药厂、皮硝厂，由于没有任何可以利用的资源，这些厂后来全部失败倒闭。

省上的重点工程要抽调劳力，县上实施的一大批基础建设工程也要抽调劳力，公社又办了一些工业厂，这样一来，崖边的青壮年劳力大多消耗在了农业以外。1958 年当年崖边的农业只能靠老人、妇女进行耕种。由于没种好，到年底，歉收严重。有些作物绝收，连籽种都没有了，第二年又从别处往来调运。通渭县全县农村的情况基本和崖边一致。

9 月 4 日，全县调集 5 万农村劳动力（占总劳动力 38.7%），在 160 华里的华双公路沿线做水土保持工程，大搞形式主义，严重影响了秋收、秋种、秋耕生产。同月，在"一大二公"的指导思想下，将全县 20 个人民公社合并为 14 个人民公社，并组成一个县联社，下属 162 个生产大队，1319 个生产队。还提出"千斤元帅升帐（粮食单产），万斤卫星上天（洋芋单产）"的口号，使全县脱离实际的瞎指挥，盲目蛮干，浮夸风严重泛滥起来。

……（10 月），抽调 2.5 万多农村劳动力，大战华家岭、史家山，在水土保持工作中，继续搞形式主义。又抽调 1.3 万多农村劳动力，赴皋兰、靖远大炼钢铁，致使许多地方洋芋冻坏在地里，秋田霉烂在田间，冬麦未种足，秋耕没完成。给农业生产和群众生活造成重大损失。[7]

1959 年春，有的人听说"洮河工地"发粮食，想办法逃往"引洮工地"，当地公社干部想办法进行阻拦。通渭县赶往"引洮工地"的民工由副县长白尚文带队，白尚文在"引洮工地"接收了一大批逃荒的通渭人。

1959 年通渭人没饭吃，饿得受不住，为了活命，许多人跑到引洮工地。一路上步行三四天，途中也饿死了不少，男女老少都有。

当时天天来人，有的儿子在工地，老子就来，来了住下，儿子打饭，老子也吃。我们工区党委书记白尚文这人心地善良，对农民极富同情心。通渭县逃到工地上的五千至七千人，他都要下了。把这些人养活了，是白尚文的功劳。这些人来后，工地上的口粮标准一月一下高到 90 到 100 斤。通渭工区粮站超支太多，工程局提出了批评，准备要挨批哩，正好碰上了西北局兰州会议，才停下了。

可白县长又是很讲原则的人。他家里，除了引洮工地上的妻儿，59 到 60 年前后，父亲、亲戚全死了。记得娃他舅饿得受不住，跑到工地来想寻条活路，白尚文对他说，干部家属不能搞特殊，硬让回去，这一去再也没有回来，不知死在哪里。在通渭人大量逃荒中，

7.《通渭县志》，24 页，兰州大学出版社，1990 年。

因病加饥饿，白尚文的母亲走在半路上也死了。[8]

　　在石湾公社，崖边是死人最多的村庄。因为在石湾公社，崖边村一直是相对富足的生产队，人少地多，土地相对肥沃，加上这个村的人勤快，在远近出了名。通渭是甘肃的红旗县，崖边是石湾公社的红旗生产队。作为"明星"，崖边被拉进了山庄大队，与其他生产小队拉平一起核算，在各村发展不平衡的情况下，人民公社"一大二公"的主导思想，必然导致富村要为穷村付出利益。在1959年出现饥荒后，山庄大队一直向崖边要粮，最后连籽种都拉光了。

　　饥荒已经饿死了很多人，但"极左"路线下的各级干部还要欺上瞒下，大放"卫星"，睁眼说瞎话。1959年年底，通渭县全县实产粮食8385万市斤，虚报为1.8亿市斤，征购粮占实产的45.6%，人均口粮仅70多市斤。大量人口持续外流、死亡。但领导干部始终不承认通渭有饥荒，还提出是"阶级敌人在粮食上捣鬼"，县委派遣"千人整社团"，进驻农村，搜查粮食，使灾祸越来越深重。[9]

　　1959年底，阎武由崖边生产队会计调任队长，他接待了县委派来搜查粮食的"大兵团战斗队"。

　　组长杨××带队，来了五六个人要粮，给我交待说，村里死人只能说是得病死的，不能说饿死的。要粮没粮，他们把草垛掀翻，

8. 这是"引洮工程"时任通渭工区党委秘书周建国的讲述。（庞瑞林：《幽灵飘荡的洮河》，229页，作家出版社，2006年。）
9.《通渭县志》，25页，兰州大学出版社，1990年。

还是没有找到粮食。我说没粮，人家不信，不信就顶嘴，最后我把衣服一夹走了，我也豁出去了。结果到日头快落山的时候，人家通知开会，到山庄大队开大队党委会。我想这下可能完了，我说没粮人家已经发火了，开会肯定是批斗我，我已经预感到了。

我赶到大队办公室门口，有一个党委委员悄悄说："贼杀的，你要死哩，你跟人家顶嘴就是不想活了么，人家马上开会要抓你，你要做准备说假话。"我到会后，工作组宣布，崖边必须在第二天上交7000斤粮食。我心里说，我给你7斤都没有，还7000斤，但表面不敢说。任务下达完毕，我赶紧汇报，当场表态说，明天一定能完成7000斤任务，当晚完一半，第二天完一半。工作组听后比较满意，便没再批判我。

但是第二天，又叫开会，我不敢去开会，我想要么逃跑，要么干脆上吊死了算了。最后，我还是壮着胆子到了会场。一到会场，发现又来了另外的上级干部。人家开口就问，崖边饿死了几个人？我不会回答，也不敢回答，更不知道怎么回答，因为以往都是撒谎。上级干部开始骂，说还在欺骗人，你对党不忠。我这时才明白，是上面救命的人来了，如果这时候再不说实话，的确就是对党不忠。

当晚，负责抢救人命的干部带来了大白面，他们给我分配了45斤面粉，让我赶紧背回去抢救人命。我背回45斤面粉，在崖边进行分发，主要分给了那些已经饿得睡在炕上起不来的人。稍有力气的人还分不到白面，上面交代说，白面必须烧成白面糊糊，监督群众少量地以流食方式进食，不能一次性给挨饿的人，一次性交给他们就会一次吃光直接胀死。

随后，大面积的调粮开始，困难局面得到了扭转。

1960年元月，党中央发现了"通渭问题"，即先后派遣中央、省、地工作组300多人，采取紧急措施，抢救人命。又派128人的医疗队，调医药136吨（价值47万多元），调来食糖、蜂蜜、大枣、花椒等共2万多市斤，发放口粮3370多万市斤，社会和口粮救济款330多万元，救济棉布110多万市尺，棉花6万多市斤，各类贷款和补助款142万余元，无偿投资款270余万元。又先后从新疆、辽宁、内蒙古等省（区）购进耕畜4700多头，添置修补残缺不全的农具4.2万多件。[10]

3月1日，中共甘肃省委决定，捕办原任县委第一书记席道隆、时任第一书记张峰等党政负责人17名。……12月25日，14个人民公社分别成立儿童福利院，收养孤儿1200名。……是年，旱、风、冻、病、虫等自然灾害频繁，群众生活极为困难，国家回销口粮、种子、饲料粮共4049万市斤。[11]

1960年入冬后，崖边在1958年建立的食堂运行两年后被迫解散。2011年，我采访了两位曾经在崖边生产队食堂做过饭的老太太，她们回忆说：

10.《通渭县志》，178页，兰州大学出版社，1990年。
11.《通渭县志》，25页，兰州大学出版社，1990年。

困难刚出现的时候，一天吃两顿饭，都是面糊糊，馒头杂粮面的，馒头分四个等级，面糊糊也分四个等级，老人、大人、妇女、小孩都不一样，根本吃不饱。后来食堂快垮掉前，实行打面，大家都爱打面，打了面可以拿回家自己做饭，还能防止食堂做饭的人贪污。

1961 年，阎武因饥荒事件被上级免职，1964 年又复职担任崖边生产队的会计一直到包产到户。经历了惨痛的事件后，通渭县对全县的人民公社进行了分解。在阎武的记忆中，那年月偏左偏右是很难把握的事情，稍有不慎就会陷落其中，就会被批斗。

那时候崖边的土地单产只有 45 市斤，全村 1450 亩地，全年的收入也就是 65250 市斤。这其中，小麦的总产量只占三成，而公社要求上交的公粮是 4000 市斤，购粮是 7000 市斤。交过公购粮，村里几乎没有什么白面，大家只能用洋芋、玉米等杂粮充饥。一个人一年可以得到 3 两食用油、200 至 300 斤粮食，即使粮食丰收也不会超过 500 斤。最困难的时候，每人只能分 15 斤小麦，也就在过年的晚上能吃一顿白面。当时如果生产队的粮食丰产，就必须要让国家增购粮食。"浮夸风"刮起来以后，每个省，每个县，每个公社，每个生产大队，每个生产小队，都在争当先进，大家攀比浮夸，虚报的结果只能是社员吃亏。

1964 年，通渭县全县开展"农业学大寨"群众运动。1975 年，中共甘肃省委把通渭县列为全省农业学大寨重点县之一，省委书记冼恒汉亲率省、地、县 800 余人，在通渭县分期进行党的基本路线教育运动。冼恒汉提出要"用无产阶级专政的办法办农业"。[12] 其时，通渭县是整个甘肃省"极左"路线的红旗县，如此风声鹤唳抓农业，但通渭人的日子并未好过起来。

在十年九旱的通渭，能有好年景是不多见的。从 1958 年推行人民公社的那一年开始，通渭县开始对农作物施用化肥，到后来，化肥的应用越来越多。另外，科学技术在农村的推广也逐年扩大，有力提高了土地产量。

但总体而言，集体化经营时代，崖边人的生活是艰难的，即便丰年，全生产队的所有人也没有真正吃饱过，半温饱是基本状态。当时，对于劳动力少，但人口多的家庭来说，很难保证口粮，与公社制度匹配建立了一种保障机制，就是供应返销粮，以农户购买救济粮的方式解决困难户的口粮问题，这个做法一直沿用到公社解体。农业合作化时期，我的家庭人口多，劳力少，几乎每年都缺口粮。每次购买返销粮时，父亲手头没钱，要四处张罗、费尽周折。有一年，我的二叔阎琪念及父亲赡养老母的情分，给父亲给了几块钱，才顺利买回了几十斤玉米，保障了一家人的口粮。父亲对此恩情终身不忘。

在崖边老人们的集体回忆中，崖边生产队某一时期的一位队长嗜赌成性，经常要用生产队社员的血汗钱去赌博。一位和他共事过的老人回忆说，有一次队长到陇西赌博，输了 500 元，遭到了毒打，人和自行车一并被扣。生产队的几个负责人都去看他，阎武当时身

12.《通渭县志》，179 页，兰州大学出版社，1990 年。

为会计也去看望。

队长说我要死了，活不成了，输烂了。我们几个生产队负责人偷偷商量了一下，把公积金粮用毛驴驮出去粜掉，变成了现金，帮忙还债才把人和车子赎回来。队长一面哭一面发誓说，我这辈子再也不赌博。但生产队的几个干部后来发现，他还是喜好赌博，大家一看这人没救了。依靠这样的队长团结大家为共产主义事业奋斗几乎是一个荒诞的神话。

在生产劳动中，但凡和队长关系好的人，可以偷懒少干，但记工分多，分粮往往分得多。头目专断，一言堂，不够公道、徇私情，事实上造成了大家都想偷懒的不良氛围。这就毁掉了人民公社"一大二公"的目标。

当年的社员厉辉在 2009 年向我说："农业学大寨，陈永贵亲自在干，我们的干部根本没有那样干的，就是普通人都不认真，都要偷懒。"

还有当年的社员回忆说："有一年，生产队长家里修庄院，没时间督促大家。谷子刚上苗，锄田的时候，全村的妇女都偷偷干私活纳鞋底，十亩谷子最后被杂草荒废，连籽种都没收回来。"

尽管当时提出的口号如雷响，有一句叫"脚踏地球手搬天、要让产量翻一番"，但粮食产量始终上不去。社员们分析说，当时，小麦长得再好一亩都上不了 100 斤，主要原因就是地耕得不行、种得不行、肥料不足。包产到户后土地各种各的，每家人一年翻地都要好几遍，长得就是好。

有了饿死人的惨剧，人民公社被否定了。实事求是、客观公正地反思这段悲壮的历史，告诫后人以免重蹈覆辙，极其必要。但是，借着反思的潮流，史学界、文化界，有的人把饥荒事件无限夸大，当成了攻击、谩骂共产党和毛主席探索社会主义建设的证据，实在是别有用心。

广东中山大学教授徐俊忠认为人民公社是毛泽东让中国农村"实现在地工业化，从而实现劳动力就地转移的构想。"[13] 学者温铁军认为，人民公社是中国人在决定本民族自立自强的发展历史进程中作出的别无他法的选择。

到中华人民共和国建立，西方通过两次世界大战所完成的资源瓜分的确已经没有任何调整余地，且周边地缘政治环境险恶，中国必须工业化以"自立于世界民族之林"；工业化必须完成"资本的原始积累"，而原始积累不可能在商品率过低的小农经济条件下完成。……于是中国人不得不进行一次史无前例的、高度中央集权下的自我剥夺：在农村，推行统购统销和人民公社这两个互为依存的体制；在城市，建立计划调拨和科层体制，通过占有全部工农劳动者的剩余价值的中央财政进行二次分配，投入以重工业为主的扩大

13. 徐俊忠：《农业合作化时期毛泽东农治思想及其历史回响》，见《中国农村土地集体所有制的历史与未来国际研讨会》论文集。2014年7月，华中科技大学中国乡村治理研究中心主办"中国农村土地集体所有制的历史与未来国际研讨会"，会议对"三级核算，队为基础"土地政策的成败得失做了广泛深入的讨论，笔者有幸亲临参加。

再生产。[14]

从 1949 年到 1978 年，短短的时间内，中国完成了初步的工业体系建设，这其中，就凝结着亿万农民的血和汗。不论学界还是民间，人们把这一时段称作毛泽东时代。由于提倡人人奉献，天下为公，毛泽东时代也被人称为"英雄时代"。

观望历史，认真梳理历史，心痛的同时，更应对中国亿万农民的伟大付出敬上最真诚的谢意，是他们一次次用自己经历磨难的方式，为民族的前进做着贡献。这种沉重的代价是任何人都不能歪曲、诋毁的。

人民公社时代，崖边农民依靠每亩单产 45 斤的贫瘠土地，每年都要完成 11000 斤公购粮的上缴任务，每年都要完成一定面积的水平梯田建设任务。整个合作化时代，崖边实现了 1450 亩土地 40% 梯田化；实现了 3 米宽的农路通往外界连通县级公路；实现了引水进村；实现了拉运、脱粒、磨面的机械化。这些成就的取得，完全得益于集体合作优势和全村人民的勤奋劳动。

---

14. 温铁军：《"三农问题"与世纪反思》，26 页，生活·读书·新知三联书店，2005 年。

负　担

1970 年代末的某个黄昏，我的父亲阎明在土屋里认真听着收音机传来的新闻，当他听到新闻大谈南斯拉夫情况后，他悄悄告诉我母亲，中国有可能会分地。母亲听后谨慎地说："你胡说八道，不想活了？"

土地真的分了。这和土改的喜讯一样具有"爆炸性"。

公社解体，生产大队一夜之间解散，土地被分到了户，社员各种各的土地，生产队长不再管大家……

这从天而降的自由冲昏了每个农民的头脑，家庭联产承包责任制的推行，被誉为第二次土地革命，一点也不为过。农民这一次获得土地的喜悦心情，毫不亚于30年前从地主手中抢过土地的那一次。

集体的解散，让每一个农户成了一个独立的经营主体。在整个村庄社区中，大家都拥有了属于"自己"的生产资料——土地，每个人只要交足国家的，剩下的全部归自己所有。每个人干起了属于自己的活，他就会百倍用心。

又一个新的时代到来了，这个时代还迎来了一系列的变奏。之前几十年积聚发展的重工业在这个时期，开始能为土地提供增产增效的化肥；一大批科研人才的培育壮大，使农业领域的科技研究有了大大的提升，良种、农药相继诞生。在崖边人的记忆中，1975 年之后，崖边基本上连年风调雨顺，粮食产量丰收，这既得益于天时地利，也得益于化肥优种。

1982 年包产到户时，我的家庭共分得土地 48 亩，其时，家中共有 6 人分得土地，分别是奶奶、父亲、母亲、大哥、姐姐、二哥 6 人，那一年后半年我才出生，所以没有分到土地。算下来，人均占有耕地 8 亩。崖边人传统种植的作物分别是小麦、谷子、糜子、胡麻等几种。包产到户初期，我们家中一年的粮食收成大约在 3800 斤左右，亩产在 80 斤左右。可见，包产到户后，每亩 80 多斤的平均单产，较之合作化时期的 45 斤，已经增加了近一倍。

留足籽种、上过公购粮，7 口人的吃饭不成问题，但不能全年吃白面。在崖边，小麦的产量比较低，谷类作物最丰产。所以，糜谷也是填补时日重要的口粮。这个时期，农民的肚皮吃饱了，农村对于物质的需求和欲望还没有形成，因为整个中国都处于消费品繁荣的初始阶段，随着城市经济的日益发展，这一状态就改变了，由于农村的严重"缺钙"，所以显得农村越发贫困了。

我出生于 1982 年，其时正是包产到户的年月。从我记事起，崖边的生活一直是拮据的。一年 365 天，总有一半的时间要吃谷面、糜面、玉米面做成的馍馍，一天两顿饭，每天不离浆水。单调贫乏的口粮，造成了小孩子挑食的毛病。每每面对去学校要背黑面馍馍的境况时，我总要拉下脸，十二分的不情愿。母亲见状，总是哄骗与斥责相加："好吃懒做的货，别挑三拣四，要在1960年，你就是第一个饿死的鬼。"听着斥骂，将一大团谷面馍馍塞进书包，甩门而出，向学校走去。在学校里，别的孩子多数都背着白面馍馍，我只能偷偷吃自己的馍馍。那个时候，我们家的情况在村里绝对不是最糟的，起码还是中上水准。但父母都是经历过饥荒的人，且是勤俭持家的人。他们把有限的白面计划着吃，每年都要"黑白结合"着过日子，他们总在思考一旦有了灾荒，该如何应对。再则，他们对子女管教严格，从来不实行娇惯政策。那时候，我对父母的这种做法非常不理解，几乎到了怀恨的尺度。现在想来，他们其实非常不容易。成由节俭败由奢，细水长流式勤俭持家永远不过时。

整个上世纪80年代、90年代，包括进入21世纪以后，崖边人的生活境遇一直是非常低下的。从我的家庭一直精打细算过日子的做法上，就能推断出每年的粮食产量并不是非常丰裕。

1990年代，我的家庭出现了很大的变故。大哥分家、姐姐出嫁、奶奶去世、二哥上了大学。围绕这一系列变故，我家中的土地也进行了二次分配。起初，奶奶去世、姐姐出嫁，父亲便把家中的48亩土地分成了三份，分别分配给哥哥、二哥和我三个儿子。所以大哥分家时只分走了三分之一的土地。后来二哥上大学留在了城里，家中便又进行了第三次土地分配，我家承包的所有土地一分为二，由父亲和大哥分别耕种，各自占有24亩。在2000年之后，我也进入城市，家中只剩下了父亲和母亲两个人。2010年左右，大哥的两个孩子也迈向城市，只剩下了大哥和大嫂两个人。等于我家的48

亩土地只由4个人耕种。

　　从崖边老人的追忆中，包产到户最美好的年景就是起初的10年。风调雨顺的天恩惠泽、丰硕喜人的粮食收成、宽松自由的政治风气、吃饱穿暖的身心快慰，让农民感受到了生活的美好。但在1990年之后，情况直转急下，物价开始大幅上涨，农民所需的农业生产资料价格猛烈上涨，而农民种植的粮食价格却基本是"原地踏步"。每一年辛勤的劳作除了解决温饱之外，并不能使生活有大的改善。这种局势不断恶化，一直未能得到解决。

　　包产到户后开始实行市场经济政策，农资价格芝麻开花节节攀高，但粮食的价格并不是由农民定价，土地贫瘠的崖边农民种粮严重亏本，入不敷出。比如小麦的收购价格，1978年每斤大约是4毛左右，到2009年，也不过区区八毛七分。安徽省推广优良品种，种出来的小麦质量好，2009年收购价格涨了2分钱，达到0.89元，中央电视台《新闻联播》以《安徽：两分钱做出大文章》为题进行了报道。[1] 2009年，一袋磷肥的价格是45元，而1978年的时候，只是6到7元。化肥价格上涨了7倍多，小麦价格上涨远不及农资快。一斤小麦的价格还不及城市里销售的一根冰棍，论物的价值，到底是一斤小麦值钱还是一根冰棍值钱呢？相信所有人都会做出判断。

　　改革开放以来，农资涨价25倍，公务员工资涨40～50倍，粮食涨价仅有5～6倍。欧洲农民生产5千斤蔬菜或水果能换回一

1.《安徽：两分钱做出大文章》，中央电视台《新闻联播》2009年8月31日播出。

辆轿车，中国农民生产 5 万斤蔬菜或水果还难以换回一辆轿车。也就是说中国农民生产的价值在工业品面前还不及欧洲农民的十分之一。这种限制粮价做法，实际是让农民补贴市民。[2]

　　粮食的价格脱离了价值规律的调节、未因市场供求决定，这让粮食的生产者受到市场不公的严重打击。这就是工农业产品价格的剪刀差。这种不平等从无遏制，农民只有绝望。

　　上公购粮是农民一年当中最大的交易事务。公购粮也是农民最大的负担，公粮是把农业税用货币形式转换为物质形式，即农民用当年收入的粮食来顶替交农业税，把农民应交的农业税按照当年的粮食价格，换算成成品粮交给国家。购粮则是国家按照当年粮食价格，向农民收购成品粮，作为国家为非农业人口提供口粮的国家粮食储备。按这个规则，公粮是税收，农民必须缴纳。购粮应该是在粮食丰产的情况下，在农民自愿的前提下向农民收购。而一直以来，崖边人领到的上粮任务总是把公购粮绑在一起，从来没有选择的权力。

　　农业合作化时代，崖边全村的粮食有专人打理给国家上交。包产到户后，每户农民都要单独向粮管所上粮。改革开放初期，崖边农民依然如合作化时期一样，用上交粮食的方式顶替农业税。记忆中，上交国家的公购粮必须要打理精细，不能有残次品。我的母亲每年都要将家中收获的最好的小麦进行仔细打理，然后由父亲肩扛

---

2. 刘奇：《中国三农"危"与"机"》，58 页，北京：中国发展出版社，2014 年。

车拉 20 公里山路上交粮管所。1990 年代后期，国家出台政策，规定公粮不收实物，农业税抛弃了上粮方式，直接回归到了上交货币。这逼迫农民想方设法卖粮食、卖猪羊，凑钱交农业税。同时，国家号召发展经济作物，税务部门不失时机地出台了农林特产税、牧业税、屠宰税等税种。

2003 年 11 月 7 日，中国国家财政部常务副部长楼继伟在"世界经济发展宣言大会"上披露："中国要逐步实现城乡税制统一"。这就是说中国实施了几十年的农村与城市税制有严重不公。接着他说：如中国实施的农业税基本税率是 7%，再加上附加税，对中国农村长期实施的总体税率实际为 8.4%，且不可抵扣；而中国城镇实施的增值税平均为 17%，因有抵扣因素，实际税赋是 3% ~ 4%，二者相差 4% 左右。

光税收负担农民已经感到很沉重，但还有更沉重的负担——"三提五统"以及乱摊派等收费项目。

"三提五统"是"三提留""五统筹"的简称，是农民负担中的一项主要内容。"三提留"是指由村一级组织收取的公积金、公益金和集体管理费；"五统筹"是指由乡一级政府收取的教育附加费、计划生育费、民兵训练费、民政优抚费、民工建勤费。这些费用主要作为乡村发展资金和其他公用经费，属乡村两级所用。占农民负担总额的五成左右。直到 21 世纪初，国家在农村税费改革中明确取消了乡统筹和农村教育集资等专门向农民征收的行政事业性收费和政府性基金、集资，至此"三提五统"才彻底退出了历史舞台。

农民负担除了"三提五统"这种名正言顺的收费外，还有乡政府随意给农民的摊派。在上世纪 90 年代末期至 21 世纪初期，"减轻农民负担"是媒体热词，但农民的感觉是负担越减越重。乡政府从人民公社改制而来，由之前的生产劳动组织者、参与者变成了维持基层政治治理秩序的一级组织、一级政权。乡政府没有自己的财政来源，但机构不断扩大、业务不断庞杂、开支逐年上涨。改革开放后，各级公务人员公款吃喝成风，所有下基层的领导、干部、工作人员都要乡政府接待。一个没有财政来源的乡政府仅接待一项费用就能让乡党委书记和乡长绞尽脑汁。当乡政府变成一级"衙门"之后，各类费用不断产生，乡政府只能给农民巧立名目乱摊派，这是整个世纪之交华夏大地普遍的作为。至此，政府干部与群众对立了起来。"三提五统"、乱收费、乱摊派是导致政府形象在乡村大跌的直接根源。

《中国在梁庄》一书中受访的一位县委书记的观点非常深刻。他认为那个时期基层乡镇政府的作为也不能单纯说乡镇政府干部有问题，"过去人们把农民负担这些问题一股脑归结到基层干部身上是不客观的，他不知道是基层干部在艰难维系着地方政权的运行。这也是大背景的问题，都是必须考虑的。"[3]

包产到户调动了农民的积极性，生产力得到了进一步解放。但是，包产到户后，国家从农村的退出，导致了一系列不利于农村长

3. 梁鸿：《中国在梁庄》，163 页，江苏人民出版社，2010 年。

远和持续发展的问题，增进了城乡剪刀差逐步扩大，加剧了两极分化危及社会稳定的风险。

随着家庭联产承包责任制的推行，党政对于农村的管理出现了严重的弱化，村级组织基本处于瘫痪状态。在人民公社时代，村庄的基础设施（如修路、修水平梯田、解决饮水等）建设主要靠社员投工投劳来实现，当然国家也有相应的补助支持。但到了包产到户之后，村庄的基础设施建设基本停滞了，原来修建的基础设施也遭到了破坏。

包产到户后，农户之间缺少了相互协作。在集体化的人民公社时期，社员农忙时节种地，农闲时节大干水利（修梯田、打水坝、引灌区）。农业合作化20多年时间，崖边土地40%由陡地变成了水平梯田。包产到户后，崖边也在上级要求下修筑一些梯田，但是数量少、质量差。从1982年到2014年，崖边完成的梯田建设还不及人民公社时期两三年完成的多。

另外，乡村农路的建设，包产到户后也停止了。包产到户后群众使用的农路都是集体化时代修筑的，被洪水冲垮后，无人修复。除非某户人家有重要的农事劳动无法通过冲毁的路段时，才会不得已进行简单的回填修复。还有一些十分宽阔的道路，会被一些自私的人占作己有，或作复耕、或作庄园。

持续20多年的合作化时期，崖边试验了农业机械化，先后购买了手扶拖拉机、收割机、脱粒机、磨面机、柴油抽水机，初步实现了个别农业作业领域的机械化。但包产到户的时候，这些机械没能完好地保存下来，而是被群众私自吞占，全部毁坏了。

据我父亲回忆，单是购买机械花费的资金，在包产到户后平摊给每户人的贷款高达 500 元之多，按照当年的物价指数计算，这是一笔不小的数字。通过折算，可以得出，崖边在购买机械设备时贷款数额超过了 10 万元。大量的机械设备毁于一旦，实在是一件痛心的事。

崖边在"大跃进"年代，曾把远离村庄 5 公里以外的泉水引进了村庄，解决了人畜饮水、菜园灌溉。但饮水沟渠在包产到户后由于无人管护，被雨水彻底冲毁，导致供水中断。直到 2014 年，崖边人吃水问题依然没有解决，只能靠水窖收集雨水度日。[4]

其实，农村水利设施被破坏的案例不只发生在崖边。"红旗渠"建设者任羊成在 2010 年 12 月由乌有之乡网站和《毛岸英》剧组联合举行的纪念毛泽东诞辰 117 周年大会上，痛心疾首地说："毛主席在的时候我们修了红旗渠，但是改革开放后，多数被破坏了，1500 公里的支渠被破坏了一半。"

2008 年春季，我采访了甘肃某县一个灌溉设施被淤泥堵塞失去效力的事件。这个灌渠全长百公里，是"大跃进"时期在全县范围发动群众修建的，当初灌溉能力是 1 万多亩。淤泥堵渠自然是多年来形成的，但问题的关键是这个灌区在 21 世纪后采取市场化经营，承包给了私人。承包者面对灌渠堵死，哭爹喊娘说自己根本没有能力去疏通。群众说你既然承包了灌渠，我灌一分地你都在收钱，堵了泥自然归你掏。就这样僵持着，大片果园灌不了水，到头来遭殃

4.2014 年，甘肃省实施的新"引洮工程"有望通水，崖边所在的通渭县等多个陇中干旱县的人民都在翘首期待"引洮工程"的完成。"引洮工程"是甘肃的梦想，1958 年甘肃人举全省之力实施"引洮"，最终以失败告终。50 年后，甘肃重启"引洮工程"，现代化的施工手段正在将梦想变为现实。

的还是最广大的群众。

"大跃进"时一穷二白，高昂的战天斗地精神能在悬崖峭壁上架桥铺管，能够在石崖厚山中打眼开洞，万亩良田得灌溉；而号称科技发达、国力强盛、人民富裕的今天，先辈修好的渠道经过市场化运作后，能让淤泥堵死而失去效力。那条灌渠的渠首，埋葬着三个被称作"英雄"的开渠时牺牲的人，一大群活生生的现代人，就这样愧对着自己的"英雄"。产生英雄和迷信市场的结局真是有天壤之别。我坚信任何一个绕着那条灌渠走上一遭的人都会觉得世事变迁的凄凉。

《新京报》曾发表徐开彬的文章《农田灌溉设施为何会荒废》认为："分田单干"后，单户家庭的积极性被激活，带来了农村经济的快速发展。但是，在基础设施建设方面，本来属于政府承担的农田水利基础设施建设和灌溉系统修建工作，也随之"分"下来。于是，由于单户家庭没有实力，村集体名存实亡，导致现存的灌溉系统出现问题或荒废，灌溉能力大大减弱。

有篇谈我国水利发展的文章，其中提供了一些数据："30 年来，我国相继建设各类水库 827 座"，"目前，全国已累计建成大中小型水库 87085 座"。这样一对照，就发现其中绝大多数水库是在 1949—1978 年建立起来的，而水利部的资料也证明了这点。

该文还写道"通过大规模的农田水利基础建设，到 2007 年底，全国农田有效灌溉面积从 1978 年的 7.3 亿亩增加到 8.67 亿亩"。三十年的时间，灌溉面积从 7.3 亿亩到 8.67 亿亩、增加了 1.37 亿亩

（增幅19%）。不过，1949年—1978年同为三十年，灌溉面积则是从1949年的2.4亿亩增加到1978年的7.3亿亩、增加了5亿亩（增幅超过200%）。[5]

水利事业在新中国成立的前30年取得的成就巨大，而改革开放后30年不但建设绩效贫乏，更糟糕的是很多建设成果还被毁坏了。"由于缺乏投入，中小农田水利基础设施不仅没有发展，很多处于病险状态，在中小农田基础设施建设上，我们现在基本上还在吃上个世纪六七十年代的老本。"[6]这不得不让人对农业合作化那个贫穷但又奋进的时代表达敬意。除了水利，农村其他的基础设施建设在改革开放时代也基本处于停滞状态。

包产到户政策是在土地集体化经营的基础上开展的，谈及分田单干无法回避人民公社。研究中国改革开放问题的访美学者Dale Wen博士在《使少数人富起来的改革——中国与通往经济全球化之路》[7]一文认为：

公社的解散也导致了农村人口在享受医疗方面的"一落千丈"。以前，80%—90%的农民能够得到某种形式的免费医疗，最好的代

5. 徐开彬：《农田灌溉设施为何会荒废》，《新京报》第A03版：时事评论，2009.2.9。

6. 刘奇：《中国三农"危"与"机"》，9页，北京：中国发展出版社，2014年。

7.Dale Wen：《使少数人富起来的改革——中国与通往经济全球化之路》（《全球化国际论坛（IFG）简报》）。

表就是"赤脚医生"制度，每个社区都有一个提供基础医疗保健的医生。这一制度是一项成本低而有效的措施，适合于村民的预防性和常规性的医疗保健，当然，对那些更严重的疾病的治疗将转移到水平更高的诊所。改革之后，在没有任何必要的基本设施支持的情况下，赤脚医生制度和农村的免费诊所瓦解了。据估计，在县以下的公共卫生组织（诊所、医院、防疫站等）中，有三分之一处于破产的边缘，而另外三分之一已经完全倒闭了。

的确，在 2003 年之前，乡镇卫生院是准备解体的。我当时在甘肃基层亲耳所闻，地方政府官员计划把乡镇卫生院出卖给有钱的老板。恰在这个时候，"非典"来袭，出卖卫生院的方案被搁在了各级官员的办公桌，濒临破产倒闭的乡镇卫生院才被救活。

按照马克思的理论，消灭工农差别、城乡差别、脑体差别是实现共产主义必须完成的社会改造任务。人民公社是用合作化农业取代以家庭为单位的小农业，其目的有三个：

第一是用规模经营和多种经营提高农业生产率；第二是通过集体化农业兴办"社办工业"逐步消除工农差别和城乡差别；第三是防止个体农业必然造成的贫富差距悬殊化和新地主阶级、新资产阶级的产生。[8]

---

8. 引自《为人民公社正名》，《三农中国》网站，2008 年。http://www.snzg.cn/article/2008/0526/article_10527.html.

当初搞家庭联产承包责任制，现在看来基本上只解决了农民吃饱的问题。尽管世纪之交政府一再提倡产业结构调整，还是取得了很好的成效，但是好多特色产业一旦取得好收成，总会出现"谷贱伤农"而难有好收入。主流总会归结为市场原因。市场经济理论在解说"谷贱伤农"问题时总是难有令人信服的论断，因为"谷贱伤农"事件在市场经济理论的滋养下年年都在上演。

土地承包后形成的小农经济，最大的坏处就是助长了农民的自私情绪，人人为己，事事利己成了常态。公社解体后，社办工业戛然而止，国家对农投入取消，单干的小农经济"合作"缺失，农户间的贫富分化逐渐显现。农村教育微弱，导致自私狭隘的观念在乡土上飘荡起来，乡村古老的基于互助合作形成的"互惠机制"也受到了冲击。

著名学者邓英淘在生命的最后关头与著名学者王小强对话《为了多数人的现代化》，[9]认为人类配置资源、运营资源，广义地说，只有三种机制：市场机制、科层机制、互惠机制。微观组织形态的变化，取决于这三种机制应用的不同组合。邓英淘认为只有"可分又专有"的资源适用市场机制，"可分不可专有""可专有不可分"和"既不可分也不可专有"的资源统统不同程度不适宜市场调节，或者说硬要用市场机制来配置，都不可能效率最大化，都要打折扣。

9.杨莹录音、整理，王小强访谈、查书：《邓英淘：为了多数人的现代化》，26 页（香港传真 NO.2012-1）。

"不患寡而患不均"

    2003 年，崖边发生了翻天覆地的变化。这一年，崖边人终于享受上了电力带来的光明和便捷。电力早在 19 世纪 70 年代就已被人类发明并服务于工业革命，而它对崖边人的惠顾迟滞了一个多世纪。从这一年开始，中国农村普遍迎来了新的希望。

    "2004 年以来，我国逐步建立了以粮食直补、农资综合补贴、农作物良种补贴、农机具购置补贴等四项补贴为代表的农业补贴政策，对于调动农民生产积极性发挥了重要作用。中央'四补贴'总量，2006 年只有 306 亿元，2014 年已达到 1784 亿元。"[1]

    除了直接补贴，国家还实行了教育"两免一补"、农村最低生活保障、新型农村合作医疗、新型农村社会养老保险等一系列推进城乡一体化的惠民措施。

1.《正确认识当前农业形势》，见《时事报告》2015 年第 2 期 14 页，2015 年 2 月 8 日出版。

奋斗在 21 世纪初，从 20 世纪末巨大的负担中走出来的崖边人一时间还有些不适应，恍若来到另一个世界。种地不用交"皇粮"，孩子上学免学费，头疼脑热看病能报销，生活困难的人有"低保"。这样的优惠政策，确实减轻了农民的负担。

除了优惠政策多，对农村基础设施建设的投入也明显加大。从 2003 年以来，拉电、修路、接水这三大提升崖边人物质文明的大工程相继实施。

2010 年，崖边接通自来水，所用水源为"大跃进"时期通渭县修建的锦屏水库。（由于水库干旱缺水和工程质量问题，崖边的自来水接通后两月即被关停。每户村民为此投入了 2000 元现金，投入了巨大的劳力。）

2012 年夏至 2013 年春，崖边通往外界的 8 公里多农路全部被硬化。与饮水工程采取政府投资和民众投资投劳相结合的办法不同，硬化农路全由国家投资。据了解，8 公里多农路花费了 300 多万元。这个工程令崖边一村之人受宠若惊，但对于更广大的通渭农民来说，走上水泥路依然是一个梦。政府硬化农路的项目完全采取市场化运作的方式，这无疑加大了成本。如果崖边的 8 公里多农路硬化能发动崖边及周边的农民参加劳动，可以节省一大笔资金，节省的资金完全可以为通渭县别的村庄多硬化一条农路。21 世纪中国的所有涉农项目都是市场化运作，撇开农民的乡建无疑花了很多的钱，办了并不多的事，不利于"多数人的现代化"。

2012 年，中国农村普遍施行农村社会养老保险。新的农村社会养老保险政策规定，凡年满 60 岁以上的老人每月均可领取 55 元养老金，小于 55 周岁的农民则要缴纳养老保险费。这一年，通渭县试点农村养老保险，当年参保人员共缴费 2000 多万，给符合年龄的老人发放养老金 1700 多万，从这个数据来看，收大于支。尽管区区 55 元在 2012 年持续高通胀的压力下连一袋面粉都无法购买，但能获得 55 元的收入对于无现金收入的农民而言是可喜的。

20 世纪末，李昌平写信给总理，大声疾呼："农民真苦、农村真穷、农业真危险"。农村的真实情况绕开主流语境跃入人们的视线。其实，对农投入不足问题，早如"秃子头上的虱子"一样明显，但国家惠顾的能力的确达不到。1990 年代掌管中共中央农村工作领导小组的段应碧 2013 年接受《南方人物周刊》采访时说：1993 年人代会上，计划增加农村财政拨款，改善教育和医疗条件，正说呢，不行了！"美国向伊拉克发射巡航导弹，从烟囱钻进去，在一楼爆炸，百米外新华社记者所在的酒店却毫发无损。这个太厉害，咱们没点东西不行，要搞杀手锏，就要钱。当时只有 3500 亿元的财政，怎么办？"预备给农村增加的拨款只能作罢。[2]

段应碧坦言，1990 年代的改革重点已转向城市，市场经济制度、金融改革、国企改革，重要性都排在农村之前。利益博弈的格局中，农村与农民处处落败。"80 年代的改革是意识形态之争，观念变了就行，但是 90 年代的改革是城乡利益的博弈，城里人自己都解决不了，哪个市长能提出'善待农民工'的口号，就算不错了。""道

---

2. 林姗姗、杜强：《九号院的年轻人》，见《南方人物周刊》2013 年 8 月 26 日。

理都知道，你当个家试试？"

中国在新世纪能扩大给农村的投入，也是综合国力增强的表现。

刚刚过去的十多年时间，中国经历了飞速发展。这不光有统计数据的显示，更有老百姓切身的体会和感受。就拿崖边来说，这十多年间，家用电器、摩托车、农用三轮车，几乎家家拥有了。

尽管国家实施了大量的补贴，但崖边农民种粮依然无法满足生活需要。2011年正月，我向父亲阎明就家庭的收入进行了较细的询问，他对2010年的收成进行了仔细的梳理。

2010年，咱家收获小麦1000斤，谷1000斤、豆子300斤、胡麻200斤，玉麦60斤，总计2600斤左右。这些收成是所有土地不分成分好坏所取得的收获。2010年，甘肃大旱。我在化肥方面总共投资了600元，上肥、耕种、收割，这一系列工序让我和你妈两个老人忙了整整一年。

这样算下来，老两口吃饭不成问题，但是，经济收入几乎是零。要是没有我和二哥对家中的接济，以这样的收成度日显然是十分贫困，或者难以为继的。因为，这一年，崖边为了接通自来水（接通两月后就中断），每户人花费将近2000元。平日的电费、食盐、菜蔬、看病等花销也要应付。

纵向比较，农村的确在日益变化，从收成、消费、生活各个方面看，崖边人一直都在进步。但横向比起来，农村还是很贫瘠。物价的飞速上涨，总让老百姓挣钱的能力满足不了花钱的速度。

城乡居民收入绝对差距持续扩大，由 2004 年的 6486 元升至 2013 年的 18059 元。区域间农民收入差距逐渐拉大，欠发达地区农民收入水平与发达地区的相对差距有所缩小，但绝对差距持续扩大。2004 年，最高的上海市与最低的甘肃省农民人均纯收入相对差距为 4.17 倍，绝对差距为 6268 元；2013 年，相对差距下降到 3.76 倍，绝对差距扩大到 14100 元。农村内部收入差距日益明显，2013 年有 60% 的农户收入未达到全国平均水平，20% 低收入户人均纯收入仅为 20% 高收入户的 12% 左右。农民人均纯收入基尼系数 2012 年达到 0.3867，接近警戒线。[3]

城乡差距问题是新乡土问题的核心和实质。城乡差距问题无疑也是中国最大的国家问题。城乡差距问题的根源在于城乡二元结构，在于工农业产品价格的剪刀差。

比城乡差距更要命的是二元文化。持续多年城市对农村的压榨，导致事物发展"谬误千遍成了真理"——农村本该低城市一等，城市优裕是应该的，农村低贱也是应该的。城市认为农村应该给城市奉献，市民认为农民应该给市民服务。"剪刀差"严重挫伤了农民的种粮积极性："粮价涨了有呼声，呼声集中响亮，在城市，占据了强势主流媒体，很容易达到决策层；粮价跌了有哭声，哭声分散

3.《正确认识当前农业形势》，见《时事报告》2015 年第 2 期 15 页，2015 年 2 月 8 日出版。

低沉，在农村，决策层很难听到"[4]。

　　长期对农村只取不予，直接导致了中国城乡分野的差距愈来愈大。如今城市化建设"圈地"，廉价利用；市场化几大银行"圈钱"，只存不贷；工业化工厂"圈人"，农民作为人口红利生产工业产品，供城里人消费。还有同工不同酬、同命不同价，工农差别、城乡差别毫无平等可言。据全国人大教科文卫专委会委员马力测算，中国农村和城市福利待遇人均相差 33 万元。另一个关于城乡居民收入差距的数据则显示，中国城乡居民收入差距高达 3 倍，全世界平均差距只有 1.5 倍，超过 2 倍的国家仅有十几个。刘奇认为："与商人相比，中国的城里人也应该有原罪感。"

　　文明社会存在的内在矛盾，最惹眼的形式固化为城乡对立的壁垒，隔绝了人性深处的温良。

　　物质劳动和精神劳动的最大的一次分工，就是城市和乡村的分离。城乡之间的对立是随着野蛮向文明的过渡、部落制度向国家的过渡、地方局限性向民族的过渡而开始的，它贯穿着全部文明的历史并一直延续到现在（反谷物法同盟）。

　　……消灭城乡之间的对立，是社会统一的首要条件之一，这个条件又取决于许多物质前提，而且一看就知道，这个条件单靠意志是不能实现的（这些条件还要详加探讨）。城市和乡村的分离还可以看做是资本和地产的分离，看做是资本不依赖于地产而存在和发

4. 刘奇：《中国三农"危"与"机"》，140 页，北京：中国发展出版社，2014 年。

展的开始，也就是仅仅以劳动和交换为基础的所有制的开始。[5]

1845 年，马克思和恩格斯从根源上揭示了人类发展进程中出现城乡差距的原因，以及消灭这种不平等的步骤。直到今天，问题依然沉甸甸摆在那里。城乡分野是全人类共同面临的问题，人类没有理由不去关注人类自身的问题，坚信"丛林法则、弱肉强食"的人类怎么能和文明相提并论呢？人类的文明需要对马克思善良的理想有所接续，人类文明的曙光绝不会在弘扬"缺德"的市场的过程中闪现。

一系列惠农措施都在扶持农业发展和农民富裕，但依然不能缓解因"剪刀差"持续扩大而导致的城乡差距。另外，这些政策在落实的过程中，存在着与农民意愿脱节的情况，存在着吃力不讨好的问题，存在着花钱养懒汉的弊病。

旨在改善农村、帮助农民的新政带来的最大隐忧是：无法普惠的政策取向与农民根深蒂固的"不患寡而患不均"的思想形成了冲突。

比如，"低保"政策在崖边就很难执行。"低保"简直是引起不稳定因素的导火索，全村数百人，人人都想领"低保"。从实际情况来看，崖边的所有人都不富裕，都生活得很困难。国家的政策

---

5. 马克思、恩格斯：《德意志意识形态》，《马克思恩格斯选集》第一卷，56-57 页，人民出版社，1972 年。

是把"低保"落实给最贫困的人，但这个最贫困的人到底是谁呢？这着实难坏了乡村干部。

"低保"给谁都不合适，给了老子儿子嫉妒，给了哥哥弟弟嫉妒。大家的生活水平有差距，但不是绝对化的，给谁合适？给了谁都有人不满，羡慕嫉妒恨。不满的人会四处告状、投诉。唯有给告状者满足了要求才会不再告状，但这个告状者满足了，另一个人就会接着告状。这个事情难坏了乡村干部，几乎没法做。

这是一位村干部给我的亲口告白，把中国人"不患寡而患不均"的心理刻画得活灵活现。今天中国社会问题的症结多半来于此处。贫富差距拉大，人的心理平衡被打破，社会不稳定因素就会增多。在中国，只有绝对普惠式的政策才能得到普遍的拥护，也能把作用发挥得更好。"不患寡而患不均"是对中国人历史的总结，迈向未来的中国人一时之间不可能脱离这个"习惯"。

在崖边，厉会平是领"低保"时间较久的人之一。他自己是光棍，母亲守寡多年，哥哥已经分家，家中的农活全落在了老太太一个人身上。按照厉会平妈妈的情况，获得"低保"的确应该。但是，"低保"的发放不但不能解决老太太的实际问题，反而助长了厉会平更大的懒惰情绪。因为"低保"全被厉会平拿去花了，老太太分文不见。厉会平年轻的时候心灵手巧，人也勤快，但在2006年之后，他由于光棍身份的确立而渐渐变得不大爱劳动了。特别是领取"低保"后，他直接脱产农业。后来，厉会平的"低保"被取消了，从此，厉会平对乡村干部非常冷漠，并产生了怨恨。

在崖边，很多人领取"低保"就高兴，一旦取消就骂娘。村民厉路雄 2010 年领取了独生子女证，乡村干部给厉路雄在 2012 年安排了"低保"。但 2012 年，厉路雄通过借贷购买了一辆卡车在兰州搞货运，按照"低保"管理办法，有经营产业的人不能再领取"低保"，他的"低保"被依规取消。从此，厉路雄一家人对乡村干部充满了仇恨。厉路雄的妻子向村人讥讽乡村干部：养娃娃要当大官，乡村干部这种烂怂干部没意思。

按照常理，"低保"应该民主决定，给最困难的人。但是在崖边，民主决策很难做到，因为族群隔阂，人口多势力大的人家会为自己的家族谋利，而人口少势力小的家族则得不到权利保障。再则，崖边人除了极个别出现过灾难的人家外，大都贫富相当，很难确定最困难的人。无法普惠的惠农政策越多，越容易激发干群矛盾。比如，危房改造项目。崖边有一户人享受了危房改造项目，所有人都想要。其实，崖边人截止 2014 年，大家都住着土房，几乎家家都有住好房子的愿望。但国家并没有那么多的补助解决所有人的修房需求，仅有的危房改造项目成了稀缺资源，修房指标乡村干部无论给任何一个"少数派"都会换来大多数人的指责。

2013 年 12 月 17 日晚，我采访了石湾乡乡长王长清，谈及农村实际问题，他对我说：有的农户痴呆瓜傻，这辈子要吃"低保"、下辈子还得吃"低保"，这样的人就要保。但是有的人没必要给"低保"。全乡 907 户 3546 人领"低保"，加上其他的惠农补贴，石湾一个 2 万人的乡镇每年要接受国家 1000 万元资金。这些钱化整为零发给农户起不到多大的作用，应该集中起来用于农路的修建和水平梯田的建设，把农村基础设施搞好了，既能种粮食又能发展经济作物，人的贫困问题就能从根源上解决。

王长清的观点来自基层，切合实际。他常年在农村工作，对农民需要什么，最清楚不过。他认为村庄需要基础设施的大力提高，授人以鱼不如授人以渔。

长期研究农村问题的学者刘奇也认为，应该取消农业补贴："财政每年大约支出 600 亿补给农民，如果放开粮价，把 600 亿补给城里穷人，一人 300 元可补两亿人。2010 年底，城市低保人口只有 2300 多万人，一人补 1000 元，也只需 230 多亿元，政府还可以节约很大一笔开支。现在花 600 亿补给农民，中间还要付出补贴运营成本，且带来种粮与租地等各种矛盾。"[6]

进入新世纪，崖边的交通区位优势有了明显提升。

崖边距离县级公路 8.5 公里，崖边向北方向距离国道 310 线 40 公里，崖边向西南方向距离国道 G30 约 45 公里，向西距离甘肃省会兰州 200 多公里，向东距离陕西省会西安 500 多公里。

全国农业旱涝保收面积不足一半，总体上是"靠天吃饭"。因为干旱，崖边是典型的靠天吃饭村庄。2013 年全国农村居民人均纯收入 8896 元，通渭县农民人均纯收入 3365 元，崖边农民人均纯收入 2100 元，不及全国平均水平的四分之一。农村居民人均纯收入

6. 刘奇：《中国三农"危"与"机"》，58 页，北京：中国发展出版社，2014 年。

中位数 7907 元，按农村居民五等份收入分组，低收入组人均纯收入 2583 元，中等偏下收入组人均纯收入 5516 元，中等收入组人均纯收入 7942 元，中等偏上收入组人均纯收入 11373 元，高收入组人均纯收入 21273 元。而崖边人均纯收入还不及全国低收入组平均数。崖边农民显然是全国最贫穷的农民。

交通区位优势明显，但干旱缺雨，这是崖边贫穷的原因，也是北方大多数村庄共同的特点。在中国的南方，很多村庄处于山大沟深的环境，交通阻隔是最大的发展瓶颈。在云贵川一些山区村庄，去集市需要走好几个小时，有钱都难以消费现代文明，何况大山阻隔了赚钱的门路。在崖边，行走 8 公里通村路就能接上县级公路，且没有深山大沟，交通相对较好。崖边致命的缺憾就是缺水，一旦天不下雨，庄稼只能渴死在地里。当然，最近几年在云南等西南地区也出现了大旱，全国农业基础设施建设滞后，中小农田欠账巨大，这是全国农村普遍的通病。

2012 年中国官方公布的贫困线是人均纯收入 2300 元，按照这个标准测算，全国有贫困人口 9899 万人。而崖边人均纯收入 2100 元，属于绝对的贫困人口。但是按照国际标准计算，中国仍然有 2.54 亿人处在贫困线以下。这 2.54 亿人必然包含全部的崖边人。

崖边属于上世纪 80 年代国家确定重点扶贫的"三西地区"（甘肃河西、定西，宁夏西海固），是集中连片的特困地区，受地理条件所限，崖边脱贫十分艰难。1982 年作为全国第一个区域性扶贫开发实验地，国家每年拿出 2 亿元对其进行开发式扶贫，计划用 10 年时间使其彻底告别贫困。但到了 1992 年，甘肃、宁夏都要求国家继续支持 10 年，到 2002 年两省区又请求国家再支持 10 年，直到现在，"三西"地区仍然是全国闻名的贫困地区。2012 年，国家确定六盘山片区区域发展与扶贫攻坚规划，将宁夏西海固地区、陕西桥山西部地区、甘肃中东部地区及青海海东地区 61 个县、15.27 万平方公里、2031.8 万人、乡村人口 1837.7 万人纳入其中。与六盘山片区一道，国家还确定了秦巴山区、武陵山区、乌蒙山区、滇桂黔石漠化区、滇西边境山区、大兴安岭南麓山区、燕山—太行山区、吕梁山区、大别山区、罗霄山区等区域的连片特困地区，这些区域和已明确实施特殊政策的西藏、四省藏区、新疆南疆三地州是扶贫攻坚主战场，也是中国 2020 年全面建成小康社会需要啃下来的"硬骨头"。

羸弱的小农

"农业合作社，大锅饭，干好干坏一个样，干与不干一个样。小岗村 18 个农民按手印，包产到户，农民从此解决了温饱问题。"教科书的论述和妈妈有关 1960 年饥饿的讲述相互印证，在我心里越来越沉重。

小岗村的 18 个农民在我心里成了英雄，不亚于董存瑞和刘胡兰。按照教科书的描述，无疑是小岗村的 18 个农民解救了全国农民，我对小岗村的 18 位农民充满了敬佩。

大约是在 2006 年左右，我在《东方卫视》看到有关小岗村的新闻报道，说小岗村农民又把土地回笼起来，搞集约化经营。这个报道令我震惊。

2009 年 11 月，与小岗村有关的新闻再次出现在媒体的焦点中。小岗村的挂职村干部沈浩因过度劳累去世在工作岗位上。沈浩去世后成为烈士全党展开学习。

沈浩在小岗村到底做了什么？沈浩初到小岗时村里道路泥泞。

他干的第一件大事是"跑项目"[1]，跑来了 50 万元把村里的泥泞路进行了水泥硬化。沈浩在去小岗村之前，是安徽省财政厅的干部。财政厅是个有"油水"的单位，按照小岗村的知名度和关注度，沈浩跑 50 万元的项目应该不算难。沈浩"跑项目"的这个做法没有先进性可言。因为中国有很多村庄，但很少有村庄能盼来财政厅的挂职干部，"跑项目"发展村庄的办法对绝大多数村庄而言不灵。

沈浩到达小岗村时，小岗村还有村民住着茅草房。要是听人说，或者读书看报获得这样的信息，我绝对不会相信。从小接触的政治教材把小岗村誉为史诗般恢宏的英雄，它根植在我的脑海中，高大伟岸，颠扑不破。小岗怎么会在 21 世纪还有人住茅草屋？那不是给特色社会主义抹黑吗？但这真不是网络谣言，这是千真万确的事实。是安徽某电视台拍摄的视频资料，在中央电视台进行了播放。的确是 2005 年的时候，小岗村有人还住着茅草屋。沈浩看不下去，帮助这些住茅草屋的人修了砖瓦房。

小岗是一个神话，是一个关于政治正确性的神话。小岗的作为是全国村庄学习的典范，是英雄、是榜样。它是全国农村土地经营重回小农经济状态的依据。当小岗的伟大模式发展了近 30 年，还有人在 2005 年住着茅草屋时，这个神话无疑成了一个令人沮丧的悲剧。

在反思我的村庄崖边村为什么不能前进，为什么不能发展时，

---

1. 项目在集体经济年代，是计划分配的，在改革开放后，成了争取的对象。各地官员能否干出政绩，关键在于能否争取到项目。跑项目也是唯 GDP 年代的一个特色。

以前我将全部原因归结于干旱缺雨。但得知崖边的榜样小岗村也难以发展时，我不得不意识到发展的路径问题。

2008 年，就连当初冒死包产到户的严俊昌都对小岗的现实也充满了不满。我心中使全国农村普适的小岗模式轰然倒塌了。

中国的改革开放始于农村，尝到家庭联产承包责任制的甜头之后，才进一步"农村包围城市"，放权让利到全国。小岗村的"大包干"是中国改革的一个起点。在接下来的时段，这个明星村落不断受到中央和地方政府的关照，但它也无可逃避地像其他村落一样，经历阵痛：乱收费、盲目发展村办企业、干群冲突……甚至于这些当年冒着杀头危险共患难的老人，也开始纷争不已。"大包干开始时村里没有一个反对的，后来日子过好了，争权夺利，18 户人家闹了那么多矛盾。"严俊昌对《南方都市报》记者说。[2]

小岗的实际作为小岗人都清楚，但没有人撕破脸去追寻真理，去探究事实。沈浩是一个正直的人，也是一个勇于反思的人。沈浩发现小岗村"一年越过温饱线，二十年跨不进富裕门"最根本的原因，是"正气压不住邪气。"沈浩在小岗认识到了小农模式的弊病，他带着愧疚来到南街村、华西村、大寨村等这些发展集体经济的另类村庄，取经学习。媒体报道说，沈浩来到山西大寨村见了郭凤莲，他握住郭凤莲的手后第一句话就说："你们大寨是干出来的，而我

---

2. 参见《为了不饿死，当年冒死包产到户》，《南方都市报》2008 年 1 月 4 日 AA15。

们小岗村却是'按'出来的"。一句话把所有的人都逗笑了。他回到小岗后采取了回笼土地的政策。

　　前两年，生产队干部说要出去看看，解放解放思想，村干部一堆人去南街村、大寨、红旗渠这些地方考察。没去之前，我就想，好地方必须要有好带头人。学南街，要有南街一样的带头人才行，像华西的吴仁宝，像长江村的郁全和。郁全和从二十多岁干到现在，只有长期的干部才有长期的稳定，才有长期的发展。

　　我所说的集体经济与大包干前的集体经济是两回事，现在的集体经济必须要有村办企业，没有企业光靠种田只能解决温饱。学南街村，小岗必须要有集体企业才能学。有了集体经济，农民有了收入，没有了后顾之忧，自然就把土地让出来了，这样村干部就该加大投入，整平土地。以前100个人干的土地，机械化后只需10个人。农村的生产必须要机械化，但怎么走这条路？要看准了才敢走。要是没有企业，农民没有收入，把土地收上去不出一年，又得要饭。这要相当长一段时间。必须要有能人带。

　　大包干让小岗成了明星村，这对小岗应该是好事，毕竟上面有拨款什么的。党对小岗这么重视，但是小岗人没创造好。[3]

---

3. 包产到户带头人严俊昌感受小岗村发展瓶颈，当年带头人开始考量集体化经济道路。参见《为了不饿死，当年冒死包产到户》，《南方都市报》2008 年 1 月 4 日 AA15。

整整 30 年，小岗村包产到户的旗帜高高飘扬着，让农业研究的学术思考都沉浸在政治正确性的美梦中。当沈浩揭开小岗村茅草屋之类的家丑时，有些人甚至有些愤怒。在主流号召学习沈浩的资料里，只说沈浩为小岗付出了很多，但鲜有对小农模式的反思。

生产经营只是解决中国农民问题的一个方面，思想精神方面的工作其实是更重要的。因为人是靠思想意念支撑的。沈浩面对的小岗村是一个道德涣散的村庄。包产到户的带头人在村里十分牛，什么人的话都不听，动不动仗着自己接受过中央领导的接见，占用公物，损公肥私，胡作非为。

新闻报道说，沈浩在硬化道路时，开了半天会，号召大家干活，但报名参战的只有区区几十人。为了庆贺硬化道路的工程开工，沈浩决定请参战的人吃一顿饭，可一下子来了过百人，而且个个像老爷，不主动自己给自己服务，还拉着架子等别人伺候。[4] 可见小岗这个全国包产到户的带头村，已经沦落到了什么地步。

一位小岗村民对中央电视台记者说："硬化道路时，沈浩一直亲临现场指挥，对于大家不小心弄在模板外面的混凝土，沈浩都要用手捡起来放到模板里面。"这些细节听来实在令人心寒。

---

4. 沈浩争取了 50 万元工程款，但项目招标最低的报价都要 58 万元。沈浩为了节约资金，决定不叫工程队，动用村里的劳力。一个村庄，搞建设自己上，这是中国解放以来普遍的做法，实践证明也是最有成效的做法。不像今天市场化的旗帜下，任何事情都用项目、承包工程队，大的、高难度的工程自然需要，但像小村庄的小工程实在是浪费，再则，中国农村量大面宽，那有那么多的钱用来折腾？《沈浩：小岗村记忆》，中央电视台《新闻调查》栏目 2009 年 12 月 26 日播出。

改革开放 30 多年，小岗村作为包产到户的先进典型，国家支援了很多项目和发展资金，1993 年就已经免除了农业税。但贫弱零散的小农模式下，小岗始终没能获得大的发展。小岗包产到户的办法着实解决了温饱问题，但后来赋予的政治正确性宣传人为拔高了小岗的实际意义。有了对师傅小岗村停滞不前的发展道路的了解，便更易于体会崖边村等徒弟难以进取的根由。

沈浩是一个老实人，是一个敢于说真话，敢于向真理迈进的人。他不唯上、不唯书、不唯教条的品质；勇于发现问题，并积极解决问题的态度，是我们永远值得珍视的精神。透析他活着时围绕小岗的一切作为，我们都要联系他所处的这个时代，和这个时代前后关联的政治。这些历史条件下，沈浩的作为是不负于时代的。

小岗模式无以为继，这是事实。这是一个谁都无法否认的事实，沈浩比热衷"包产到户"的学者更早一步揭露了事实。所有人都得面对这个事实。

曾几何时，小岗村的 18 位村民冒死包产到户。为了包产到户推广到全国，官员万里和学者杜润生等人想方设法，同样冒了很大的政治风险。

"一号文件"的出台奠定了中国农村土地包产到户的基础，杜润生是这个政策的起草者亦是重要的推手。杜润生的历史再一次开始浓墨重彩。1980 年，刚重返农口工作的杜润生，开始着手制定新一轮土地制度改革的相关政策。

从大锅饭到包产到户，中间阻力重重，虽然杜润生提出"贫困地区试行包产到户"的建议得到姚依林副总理的同意，虽然小岗村18 户农民的创举得到邓小平同志的赞扬，但在随后的中央省市区第一书记座谈会上，杜润生起草的"只要群众要求就允许包产到户"的政策建议还是遭到了大多数人的反对。意见严重分歧使得会议无法继续，杜润生在胡耀邦，万里的支持下巧妙地加了如下一段话：集体经济是我国农业向现代化前进的不可动摇的基础；但过去人民公社脱离人民的做法必须改革。由此，形成了著名的 75 号文件。

"75 号文件是一份承前启后的文件。它肯定了包产到户是一种为群众乐于接受的责任制，承认群众自由选择的权利，不能自上而下用一个模式强迫群众。"杜老说，在 1982 年第一个"一号文件"出台之前，我们主要做了一件事，就是推进农民自发的创造——包产到户"合法化"。杜润生组织了 17 个联合调查组，分赴 15 个省调查包产到户。[5]

1981 年 2 月，北京大学招待所，中国农村问题发展研究组成立。在邓力群、杜润生领衔下，陈一谘、邓英淘、张木生、王小强、王岐山、杜鹰等三四十个回城知青积极参与，他们的调查研究成果是党中央、国务院制定研究农村政策的依据，他们是改革开放初期名副其实的智囊，他们助推了包产到户政策的实行。

这个"发展组"只是一个民间组织，而且这个组织是邓力群从

---

5. 于今、海珍：《杜润生：一生心系农民》，载《中华儿女》2008 年第 12 期。

社科院倒腾出两万元"特殊科研经费"成立的。参与的知青队伍中，论官阶，除了陈一咨当过公社书记，连比科长还小的股长都没有一个；论学历，除了罗小朋考上研究生，最高不过大学本科在读。曾经积极参与这个"发展组"的王小强后来感叹：如此特殊，就是放在今天，绝无仅有。[6]

邓力群寄语：一个中国人，眼里没有8亿农民，不能不说是认识上的很大的缺陷。就青年人来说，有的在农村，但是想方设法要挤到城市里；有的在城市，有一种莫名其妙的优越感。他们瞧不起农民，眼里、心里都没有我们的8亿农民。而你们眼里、心里是有8亿农民的。[7]

杜润生则说：我们是靠农民起家的，决不能再让农民经受资本主义分化的痛苦，必须找到一条使农民过渡到社会主义的道路。十月革命道路的可贵就在这里，它开辟了一条使农民过渡到社会主义的道路，在这方面，苏联的经验还是成功的。中国搞社会主义基本上也是成功的。我们解决了10亿人口的吃饭问题，避免了农民的两极分化，这是忠于马克思主义的。[8]

发展组成员都曾在农村插队，回城后又执意返回农村。他们意气风发奔赴祖国各地农村搞调研、写文章，为推动包产到户谋出路、

6. 王小强：《"假如你是毛主席"——第一次见杜润生》，香港传真，NO.2008-88。

7. 邓力群：《在中国农村发展问题研究组讨论会上的讲话》，见中国农村发展问题研究组编：《农村经济社会》1981年卷，第5-7页。

8. 杜润生：《在中国农村发展问题研究组讨论会上的讲话》，见中国农村发展问题研究组编：《农村经济社会》1981年卷，第13-15页。

想办法。那股子干劲今天想起来依然令人热血沸腾。

发端于包产到户的改革开放顺应人心，轰轰烈烈搞了30年。2008年总结巨大成就的同时，人们更看到了小岗村和崖边村经济的凋敝，包产到户让全国农民吃饱饭的伟大成就已经黯然失色。当年包产到户的坚定支持者，中国农村发展问题研究组的成员王小强忧思沉沉：

经过30年改革开放。GDP翻了好几番，饼越做越大。虽然不争论到底是谁做的饼，群众生活普遍提高，广大工农实事求是，走下了神坛，改名"弱势群体"。……30多年时间过去，邓力群、杜润生都没有搬过家，继续住在新鲜胡同和22号楼，一个早就没了办公室，一个办公室越换越小、越破。一左一右，身体力行先忧后乐的不言之教。相比之下，我们陆续收获的名和利，大多今非昔比了。好像早有预见，那次讲话中，杜润生特别强调："请同志们记住我的这句话：开头不易，坚持难，坚持到底更难。"果不其然，改革开放30年回顾总结，"搭便车"的快马加鞭，评功摆好奋勇争先，表扬与自我表扬加互相吹捧，改革艰辛津津乐道，开放曲折回味无穷，更有逐项来不及注册的发明权可圈可点……[9]

---

9. 王小强：《"假如你是毛主席"——第一次见杜润生》，香港传真，NO.2008-88。

南街村纪行

2011 年，利用五一放假的机会，我鼓动两个志趣相投的朋友，展开了一次理想之旅，探访了已故小岗村党支部书记沈浩曾参观学习过的南街村。

南街村是中国大地上为数不多的坚持理想主义、坚持集体化经营的村庄。之所以关注南街，就是因为她怀揣着共产主义理想。百闻不如一见，我们的行动是一次求证之旅。去南街不是为了散心、不是为了玩儿，只是为了心中对于理想的偏爱。

我们选乘的是火车硬座，三个人兜中本来拮据，却要把这拮据用"理想主义者清廉"的精神胜利法掩饰，这样倒也释然。4 月 30日开始放假，4 月 29 日还在上班，当天下了班才奔向车站买票，早就知道不会有座位。拿着无座的车票登上了由西北开往汉口的列车，从甘肃天水一直站到了河南漯河。

南街村在河南临颍县，临颍县在许昌与漯河市中间，但属于漯河市管辖，我们为了换乘汽车方便，多坐了一站，直接奔到了漯河市。

漯河市与中国的大多数地级市一样，杂乱，无秩序。从漯河发往临颍的公交车我们等了足足1个小时。这里是中原大地，公路非常平坦，望着两边绿油油的麦田，心中不禁感叹这是一个养活人的好地方。

快接近县城时，车上的人说南街村到了。我们三个人匆忙下车，一条宽广的道路已然呈现，路口有一个大大的拱门，书着"南街村"的大字。两侧是高大的绿植，道路干净整洁。这条道路叫颍松大道。沿着颍松大道前行，有一种复杂的情绪涌现：从1980年代废除人民公社至今，几十年的时间过去了，人们除了在阅读教科书和历史书时才会提起公有制、集体主义，但南街一路坚持了下来。眼前与中国现代化总体进程毫无二致的南街，联系着久远的历史。身为80后，我们三个人从遥远的甘肃自发地前来参观，连接我们的是复杂的情感。南街企图实现20世纪大半个地球上的人都曾追寻的梦，而我们呢？我们循着嘈杂的铁轨声，站着火车在寻望历史残存的梦，有别人的梦，有自己的梦。

我们下榻南街宾馆，宾馆的设施明显老化了，但还算干净整洁。宾馆所在的空间很安静。在火车上站立了整整一夜的身躯早已疲惫不堪，眼见有床榻，我们顾不上进食，倒头即睡。

下午两点半，我们匆匆起身赶到了村党委办公大楼，去见提前约好的南街党委办副主任段临川。段是退休了之后依然愿意为村集体服务的老同志，我打电话给他说要来访，他很欢迎。他给我们介绍了南街大致情况，随后给我们安排了导游，导游带领我们参观了南街的文化阵地、居民楼、企业生产线。南街2010年的游客接待量50万人次，这个数字比西部地区普通4A景区游客接待量要大好几倍，说明中国人对南街村还是有很浓厚的兴趣。

南街的绿化区，植被葱郁，鸟语花香；南街的生产区，厂房整齐，生产有序；南街的住宅区，妇幼祥和，欢声不断；南街的街道上，干净整洁，车流有序。傍晚时分，我们从南街村的朝阳门穿过，前往临颍县城。这个城门曾被人称为独立王国的标志，但我们的感受是，南街的人可以随意进入县城，县城和周边村庄的人也可以随意进入南街，丝毫没有什么隔阂。唯一的差别就是南街的街道干净整洁，而县城的街道过于脏乱差。南街的干净在全中国的城市都很少见，而临颍县城的脏乱差是全国所有县城都具备的。

在南街村，很多地方都有毛主席的语录，村里的广播在早上会播出毛主席论著。在南街的广场上，还矗立着毛泽东的塑像，塑像周围立着马恩列斯的巨幅画像。这些都是质疑南街村的人反对的。在旅游园区，南街村还微缩修建了井冈山黄羊界、韶山毛泽东故居、西柏坡等毛泽东出生、革命、生活过的场景。其中最大的建筑是五卷楼，这是一幢塔形建筑，计划在各层陈列石碑，镌刻毛泽东选集的内容。但这个工程在大楼建好后，一直未能成型。原因是2004年之后，南街的效益出现了下滑，经济遇到了巨大阻力。这些做法，是表面文章形式主义，但这种做法无疑是精神图腾的象征。人如果对信仰连仪式感都没有的话，何来内心的追寻呢？

其实，南街人的生产方式、生活水平、人际关系才是对毛泽东的真正告慰，才是对共产主义、马列主义、毛泽东思想的真正实践。物化的外在表现容易做到，人真正的幸福感却是不容易构建的。在南街，我们着重考察了村民的生活状态。我们访问的一户人家给我们的答案是肯定的。居民楼下那些衣衫洁净、神情安逸的人告诉我们，这里的一切不是宣传的神话，而是实实在在的存在。

在小岗村成为典型的 1980 年代初，南街村也实行了包产到户。南街村早在改革开放前就实现了机械化，实现了亩产千斤粮。但一刀切搞包产到户，南街不得不分，分开后，土地被分成小块头，机械没法用，很多机械被砸掉卖了废铁，农业生产重回二牛抬扛。1982 年，南街村的粮食亩产只有 500 多斤，降低了一倍，由于农业倒退，农民的收入也随之减少。南街村其时仅有的企业——砖厂包给私人后，经常拖欠承包费，导致村民意见很大，以为村班子贪污了承包费。村支书王宏斌动议，把包出去的企业收回来，集体经营，把包出去的土地回笼，集体经营。他的动议得到了大家的拥护。在包产到户就是阳关道的主流舆论下，王宏斌的动议风险极高、代价极大。

1978 年冬天，小岗分田。8 年后，南街出了个收田公告。在群众自愿的基础上，至 1990 年，南街的土地全部收归集体所有。机械又在南街土地上轰鸣。土地规模经营实现了机械化、水利化，粮食亩产稳定在 750 公斤。全村 3100 多人拥有土地 1000 亩，作务土地的人只有 30 多个人。从打土坯烧砖到建立面粉厂，再到成立村办集体企业——南街村集团。南街村的集体固定资产由 1984 年的 40 万元，增长到了 2007 年的 26 个亿，增长 6500 倍。王宏斌总结说，南街村是玩"泥蛋"起家、玩"面蛋"发家。南街村只有 1.78 平方公里的土地，它在 1991 年达到产值一个亿，是河南省的第一个亿元村。1997 年左右，南街村村民全部搬上集体修建的楼房，电视、冰箱、洗衣机一应俱全，村民只需抱着自己的铺盖卷就能入住。南街村逐步发展到为村民提供 14 项福利，涉及衣食住行、生老病死的诸方面。每年要为 3400 名村民和近 1000 名荣誉村民支付 1700 万元福利。

2008 年，为纪念改革开放 30 周年，中央电视台财经频道播出了《理想主义的日子——南街村》专题节目，节目中提到许昌人赵亮在南街村打工，因向往南街村嫁到了南街村，成为了南街村人。我在南街居民住宅区参观时，偶然碰到她并一眼就认了出来。

"我是奔着南街的制度而来的，尽管工资不高，但衣食无忧。有了村集体的操心，村民可以轻轻松松地生活。"她一边哄着自己一岁左右的小孩，一边告诉我。

2008 年 10 月，中共十七届三中全会通过了《关于推进农村改革发展若干重大问题的决定》，要求"进一步统一全党全社会认识，加快推进社会主义新农村建设"。时任河南省省委书记徐光春在《求实》撰文说："建设社会主义新农村，南街村先行一步"，南街村已经提前实现了党中央提出的"生产发展、生活宽裕、乡风文明、村容整洁、管理民主"的要求，"使广大农民病有所医、老有所养、住有所居"，被誉为中国社会主义新农村的典型。

2011 年 6 月 30 日，新华社河南分社记者李亚楠采访南街村后深有感触地说："南街模式不会产生贫富差别，村民的生活处处由集体安排，不像其他地方的农民，事事都要靠自己操心，所以他们在生活、思想上的压力就小很多。"

南街村关于集体经济的实践，毁誉参半。在前往南街村的公交车上，我有意和车上的当地人问及南街村。一位坐在我身后的大哥，体态肥硕，他对南街大加指责并称南街的模式不可复制。而我与身边一位老太太的交流却是完全不同，老太太是南街邻村的，她说自己的地被征光了，每年只有几百元的生活补助，不打工就会饿死，他自己非常希望生活在南街村，但是她没生长在南街村，只能说没那个命。在临颍县城的小饭馆，老板娘也是非常羡慕南街村人的生活。

无工不富、无商不活。这是南街村总结自己的实践道路时得出的结论。南街村起家于粮食深加工，一年消化3亿斤小麦。王宏斌归结是改革开放的市场经济富了南街村。南街村一边发展物质文明，一边保障精神文明。他们提出的村治经验是"外圆内方"[1]。南街人用实践证明在大平原农业比较发达的地区，搞集体经济共同富裕是完全可行的。

曹锦清《黄河边的中国》一书认为"南街村出了个王宏斌，王宏斌又带出一个好班子，好班子带领村民走共同富裕的道路"这句话的意义与力量只有在村落文化内，才能得到理解。曹锦清认为王宏斌这类人物的产生，出于偶然。从这类人物身上能够找到村落文化的因素，但村落文化并不必然促成这类人物在绝大部分村落内成批成批地产生出来。曹锦清进而断定，南街村离开了王宏斌将无法保持现在。曹锦清的观点不啻引人深思。我想不仅中国的村落文化不能成批产生王宏斌式的人物，整个人类世界的文明也没有成批产

---

1. 外圆就是适应大气候、依法与市场经济接轨；内方就是用毛泽东思想教育人，内部顺民心合民意，遵守村规民约，加强内部管理。

生莫尔、康帕内拉、圣西门、傅立叶、欧文、马克思、恩格斯、列宁、毛泽东。

2004 年，安徽小岗村书记沈浩带领村班子成员和当年大包干中的 4 名带头人来到南街村参观学习时，在南街村档案馆留言簿上欣然留言："学习南街村，壮大集体经济，走向共同富裕。"[2]

2011 年 5 月 1 日，我们赶上了南街村的升旗仪式。伴着晨曦，南街民兵乐队演奏着庄严的国歌，一面五星红旗冉冉升起。望着五星红旗，我似乎望见了华夏的千百万村庄，望见了村中的亿万农民，他们清贫，他们勤劳，他们无助。

晨光染红了中原大地，南街开始了新一天的日子。我们离开时，来自全国各地的游人陆续赶来。

2.《小岗人来到南街村》，见《南街村报》2004 年 11 月 18 日。

警惕农地私有化

对照小岗和崖边等千百万个村庄的赢弱，人们不免怀疑小农模式。

当初搞包产到户时，面对诸多反对之声，杜润生提出了"包产到户是一种为群众乐于接受的责任制，承认群众自由选择的权利，不能自上而下用一个模式强迫群众"的精明表述，才勉强推开。但到后来，全国农村几乎全部推行了包产到户，一刀切的极端做法和全国一夜之间人民公社化如出一辙。偌大的中国，村村包产到户，只剩下了倔强的华西村、南街村等个别村庄，或直接坚持了集体化经营，或先包干后回笼地进行了集体化经营。

沈浩作为一个城里干部，挂职期满就可以安稳回到城里去，要么提拔，要么坚守岗位。但他用真诚的心赢得了小岗村群众的信任，他挂职期满后，又被大家用红手印挽留了。

集体化、合作化，由于人民公社过程中出现的"极左"实践，一度被判了"死刑"，人们对它讳莫如深，坚持集体化的村庄也不被人看好。当小岗村为标志的"软、散、懒"已成为农村发展的明显阻力时，人们也不愿提及坚持集体经济的村庄。沈浩面对小岗的残破，放下了包产到户英雄村的身价，奔走于备受非议的南街等坚持集体经济的村子。

在改革开放 30 年后，沈浩才是杜润生说的那个"和农民有阶级感情"、邓力群说的"眼里、心里是有八亿农民的"人。沈浩四处调研，扑下身子准备大干一番，但天不遂人愿，沈浩永远离开了小岗村。

正当沈浩向坚持集体经济的村庄投向羡慕的目光时，那些"搭改革开放便车的人"除了依旧吹捧已经黯淡的"分田"成就外，还在向历史的更久远处倒退。与杨小凯、陈志武、文贯中等海外学者明确宣扬中国土地必须私有化不同，周其仁、党国英、吴敬琏等国内学者主张给农民更大的土地权利，实质还是主张土地私有化。

与中国将近一半人口的农民利益息息相关的土地产权问题没有解决，农民的土地、宅基地等资产无法变成可以流动的资本。这既使继续务农的农村居民的利益受到损害，也使转向务工、务商的新城市居民安家立业遇到困难。[1]

有些人总是莫名其妙地担心，认为土地一旦放开，许多城里人

---

1. 吴敬琏：《让历史照亮未来的道路：论中国改革的市场经济方向》，载《经济社会体制比较》2009 年第 5 期。

就会到农村去买地，然后呢，农民会不顾一切，为了换酒喝或者给孩子交学费把自己的土地卖掉，最后的结果是农民无家可归了。我觉得这个逻辑是有问题的。[2]

与之相反，长期研究农村问题的贺雪峰、李昌平等学者坚决反对土地私有化。

土地私有化不仅不能保护农民的利益，而且也不能提高农业效率，当前附加在土地制度上的道德话语和效率想象都是站不住脚的，是缺乏常识的表现。[3]

贺雪峰认为：土地制度安排要服从中国发展的大局，中国特色土地制度是中国经济取得快速发展的秘密，土地级差收益来自二、三产业的发展，农民已经高度分化，小农经营很重要，村社集体经营是中国小农生产得以顺利进行的基本前提条件。

在鼓吹土地私有的人里面，秦晖是最大胆、最彻底的一个。为了反对土地集体化，秦晖从中国历史、人类历史中找渊源，不但否定了土地集体化政策，更连董仲舒的"见税什五"说都给驳倒了。

以前的主流意见否定土地私有制，我觉得其理由都是不能成立

2. 熊培云：《一个村庄里的中国》，498 页，新星出版社，2012 年。
3. 贺雪峰：《地权的逻辑：中国农村土地制度向何处去》，322 页，北京：中国政法大学出版社，2010 年。

的。说什么土地私有会导致土地兼并、导致社会危机，甚至说会导致农民战争。这应该说是个极大的认识误区。这个误区和我们长期以来的"历史"宣传有关。过去反复地讲，中国历史上周期性的社会危机就是因为土地私有引起土地兼并，引起地主和农民的冲突，然后导致农民战争，王朝灭亡。按照某些人的说法，农民战争以后土地就比较平均，然后出现盛世，然后又由于自由买卖，土地又集中起来，然后又来一次循环……这个说法似乎远不止在历史学中流行，现在几乎各方面的人都沿袭这个说法。[4]

"见税什五"说，让高王凌的实证研究拨乱反正了：因为太多杨白劳不按合同办事，躲债赖账，欠租抗租，不计高额催租成本——高薪礼聘穆仁智并诸位武功高手，以及建设收租院等基础设施，地主们真正能够拿到手的，仅仅30%左右。表彰这项科研成果，秦晖特赐封面烫金字："过去是以为地主如何残酷剥削农民，地主阶级因此成为中国落后的根源，……这些看法在有了这本书后，恐怕都应重新考虑。"[5]

秦晖在陕西关中实证研究，得出结论：关中地区自古以来，既无地主亦无租佃。他用"关中黑天鹅"打开了证伪"封建主义的基础是地主土地所有制"或"封建生产关系就是地主占有土地收取地

---

4. 秦晖：《十字路口的中国土地制度改革》，《南方都市报》2008年10月7日，AA30版。

5. 王小强：无厘头《大话西游》？——"只有社会主义才能救中国"之三，香港传真NO.2010-53，6～7页。

租以剥削佃农的关系"这类观点的逻辑思路，认为董仲舒："富者田连阡陌，贫者无立锥之地"之说站不住脚。

王小强批判秦晖：一只黑天鹅，足以推翻"天鹅皆白"的传说。这只"打开了逻辑思路"的黑天鹅，又是如何养成的呢？秦晖兴致勃勃告诉我们，喂的是极其廉价的"麦客"。[6]（我故乡的人在1990年代依然有人在陕西做麦客，后来城市打工所赚工钱远远超过当麦客，甘肃麦客才逐渐消失。）

从"关中模式"一只黑天鹅到天下乌鸦一般黑，鼓舞实证研究振奋精神，以小博大——"证伪"，以少胜多——史料不够逻辑凑，以假乱真——事实不符推理。顺理、自然、必然、笃定成章。从批判土改顺藤摸瓜从来权贵欺辱平民地主，从计划经济溯本求源大一统专制，越说越顺舌头越软嘴越滑，打源头上，压根儿没有土地私有（买卖）。[7]

王小强在《只有社会主义才能救中国》系列文章中，旁征博引古今中外先贤圣哲的宏论，一本正经强调：从秦汉到民国，"富者田连阡陌，贫者亡立锥之地"的基本历史事实不容置疑；中国的土地有租佃；市场经济缺德、商人低买高出永远食利、土地自由买卖

6. 王小强：无厘头《大话西游》？——"只有社会主义才能救中国"之三，香港传真 NO.2010-53，10 页。

7. 王小强：无厘头《大话西游》？——"只有社会主义才能救中国"之三，香港传真 NO.2010-53，14 页。

一直在让小农破产、古代中国政府善于"高价买进低价卖出平抑市场"。对借着市场化改革反对集体经济的观点逐一进行了客观回应和辩论。

因为有产权集体化所有的底线，遏制了土地兼并，但土地上修房子的商业行为，完全上演着类似土地兼并的盘剥小农的市场化交易。"无地的农民为了自己的'小康梦'有买地的'刚需'，无房的屌丝为了自己的'小康梦'有买房的'刚需'。先富一族看重的不是微薄的地租和房租，看重的是'低买高卖'的投资效益。这才是'肥田撂荒'和'住宅楼黑灯'的原因。"[8]中国工薪阶层普遍把一辈子的劳动积蓄压在了一套房子上，由地产商、银行持续获利。和过去的小农为了"小康梦"购买土地任由权贵富商地主盘剥一样悲催。

多少人说了，土地是农民的命根子。围绕土地，地球上发生了多少刀光血影的战事，那些遥远的争夺，我们已无力再去梳理和清点，单是与我们最近的，交织了太多的悲欢，纠葛了太多的利益。言及土地，我们不得不回顾历史。

早在《汉书·食货志》中，就引用了董仲舒关于秦代赋税制度的论述：

> 古者税民不过什一，……至秦则不然，……力役三十倍于古，田租田赋，盐铁之利，二十倍于古，或耕豪民之田，见税什伍，故

---

8. 谢小庆：《权力和资本都需要被关进笼子——读王小强"只有社会主义才能救中国"系列文章》，《参阅文稿》，NO.2014～20。

民常衣牛马之衣，而食犬彘之食，重以贪暴之吏，刑戮妄加，民愁亡聊，亡逃山林，转为盗贼。

　　土地革命的主体是农民，正因了他们有最迫切的利益诉求，他们成了革命的中坚力量。"毛泽东发动农民革命，以农民为军队的主干，以农村为根据地包围城市，最终夺取了全国胜利。"[9]中共革命之所以能在短期内取得成功，源自毛泽东对于中国农民、中国农村的认识。"如果没有以他为首的党中央给全党、全国各族人民和人民军队指明坚定正确的政治方向，我们党和人民可能还要在黑暗中摸索更长时间。"[10]正是毛泽东敏锐的眼光和深邃的洞察力，把革命引向了"农村包围城市"。他的斗争策略是稳健的、务实的，历史只能走向毛泽东。

　　翻开历史，土地私有化＋小农模式在中国主导了好多年。土地私有化＋小农模式的衍进与中国农民的不断革命深深绑在一起，近乎孪生。每一场农民起义都是打着均田地的口号而进行的，正因为这样的口号，所以每一场农民起义不论成功失败都是深得民心的。每一场浩大的革命并没有彻底抛弃小农经营模式，而只是均田地。把所有的土地平均分配，大家各自耕种，社会总能在革命成功的基础上安稳些许年。但土地私有制下的土地自由买卖政策，总会吸引

9. (美) 纪文勋：《毛泽东：一个近代思想史的评价》，见萧延中主编：《外国学者评毛泽东第一卷：在历史的天平上》，174 页，北京：中国工人出版社，1997 年。

10. 引自《关于建国以来党的若干历史问题的决议》（1981 年 6 月 27 日中国共产党第十一届中央委员会第六次全体会议一致通过）。

富商大户投资土地，总要导致一些小农破产。

朝廷不断换皇帝，但没有一个考虑过解决农民的问题。农民只能自己解决自己的问题，那就是唯一管用的办法——农民起义。中国历史就是一本革命史，频繁的革命、频繁的朝代更迭，遂有了"兴，百姓苦；亡，百姓苦。"

分配土地，完成革命。解放初，中国还是全世界最穷的国家之一，而要彻底解决国家的贫穷问题，必然要靠工业化。但是别人的老路我们学不成，有资本主义发展史常识的人都知道。西方资本主义国家的崛起之路是血淋淋的、掠夺式的。在 1950 年代，世界不会允许任何国家再去剥削另一个国家，不会允许任何一个国家设立自己的殖民地。中国学习人家的老路是死路一条。中国选择共产主义，是一大批仁人志士的愿望。摆脱资本主义发展血淋淋的步履，独立自主式奋进，必然要有自己独特的前进方式。对于如何建设社会主义，"毛泽东所能学习的唯一的榜样是苏联。除此之外，他只好自己摸索解决中国问题的特殊方法。1958 年中苏分裂以后，毛泽东被迫依靠自己的智慧，更加强调自力更生的政策。"[11]1958 年是中国艰难的时刻，一无外援，二无财政，如何建设国家，如何走工业化之路？在城市，计划调拨；在农村，统购统销加人民公社。

从农业剩余价值中提取工业建设所需的原始资本积累，扩大再生产，商品率过低的小农模式是无法实现的。历史确确实实证明了

---

11. (美) 纪文勋：《毛泽东：一个近代思想史的评价》，见萧延中主编：《外国学者评毛泽东第一卷：在历史的天平上》，176 页，北京：中国工人出版社，1997 年。

这个措施的正确。今天，享受着 1958—1978 年之间中国完成的工业化基础成果，酸溜溜否定土地集体化的决定性支持，是对一个时代的蔑视，是对一个时代亿万人民辛勤劳动的否定。

如果不用人民公社、集体化经营的办法，中国该如何实现工业化？这个假设有谁能回答呢？

搞合作化，走上社会主义道路，不是共产党强加的，而是农民自己的要求，是社会前进、生产发展的客观要求。说合作化搞错了的人，相当多的是因为不懂事，没有参加土改，没有参加减租反霸，人云亦云。其中也有老干部。但是老干部中间，也有没做过多少农村工作，没到农民去较长时间的人。说合作社搞得快了一点，工作搞得粗了一点，这是事实。但因此全盘否定农业的社会主义改造，否定搞合作化，是根本站不住脚的。[12]

按经典著作定义，合作化与集体化是不同的。合作化是不动摇私有的基础，集体化就是一个质变，是建立在公有制基础上的。刚开始我们是搞合作化，到高级社时就提出集体化。集体化也是一种公有化。如果国家掌握的生产资料非常丰富，能够给农民以帮助，那么集体化就能够巩固下来，假如没有这个条件，就很难行得通。高级社巩固一下也好，但没有，又来了个人民公社化，由农民之间的平均主义发展成穷富队之间的平均主义，吃大锅饭，废除按劳分配，这就更荒谬了。以后又由公社所有制退下来，毛泽东同志是很坚决的。最初的"队为基础"，是以大队为基础，而不是以小队为

12. 邓力群：《在中国农村发展问题研究组讨论会上的讲话》。

基础，也是毛泽东同志下决心改为以小队为基础的。[13]

　　自力更生、艰苦奋斗、勤俭建国的自主奋进之路，虽历经"大跃进"和"文革"，但到 1978 年，中国"已经为实现四个现代化的伟大事业奠定了比较雄厚的物质基础"[14]。把一个火柴叫洋火、钉子叫洋钉的贫农国家用不到 30 年的时间变成体系完善的工业化国家，这样的成就是之后的中国谋求发展的坚实基础。一个泱泱大国，要完成这样庞大的成就，并非易事。

　　从 1949 年以后，中国进入和平年代，这是新生共和国给予每一个中国人最大的福利。这和平已被中国好几代人享用，但凡活着享用了和平福利的人们，都应当对那几千万先烈致以最崇高的敬意。

13. 杜润生：《在中国农村发展问题研究组讨论会上的讲话》。
14. "我们在旧中国遗留下来的'一穷二白'的基础上，建立了独立的比较完整的工业体系和国民经济体系。三十年来，我国的水利设施、化肥农药、农村用电、农业机械等大大增加，农业的生产条件有了显著改善，耕作制度和耕作方法有了不少改进。全国粮食产量一九七八年比一九四九年增长一点七倍，棉花产量增长三点九倍。我国钢铁、电力、石油、煤炭、化工、机械、轻纺等工业部门大大加强，许多新的工业部门从无到有、从小到大地发展起来。在辽阔的内地和少数民族地区，解放前几乎没有什么工业，现在已经建起了一大批新的工业基地。目前，全国工业企业达到三十五万个，全民所有制企业的固定资产达到三千二百亿元，相当于旧中国近百年积累起来的工业固定资产的二十五倍。从我们完成国民经济恢复任务的一九五二年算起，到一九七八年，我国工业发展尽管有过几次起落，平均每年的增长速度仍然达到百分之十一点二。"参见叶剑英：《在庆祝中华人民共和国成立 30 周年大会上的讲话》，1979.9.29。

正是他们激奋高昂的斗争勇气、悲壮绝伦的牺牲精神，换来了持久的和平。撇开了这些，不管谈论国家民族，还是个人荣辱，都是那么的苍白、那么的自私。认同这些，才能尊重历史，正视现实。

土地所有权归集体所有，这是解放以来前 30 年中国发展的基础，也是改革开放后 30 年中国农村保持稳定的根本。因为这个基础避免了农村人口的两极分化。公平合理、人人有份的土地分配，让均田地这个历代中国农民的价值诉求得到了合法的保护。这个基础在未来依然至关重要。

目前，关于土地产权的问题还在争论当中。如果土地的所有权根基被动摇，基于这个根基构建的一切乡土秩序将会重新洗牌，土地私有化让人首先联想到的不是农民立马富裕，而是"千年田八百主"的历史覆辙。再说，崖边农民眼里，有没有土地所有权不是最重要的，最重要的是土地的基础条件能不能提升，土地的收益能不能扩大。

中央十七届三中全会通过《关于推进农村改革发展若干重大问题的决定》，将土地承包制从长期不变改为长久不变，允许农民以多种形式流转土地承包经营权。也就是说，允许"土地流转"，但产权依然归村集体所有。

共产党带领大家闹革命，为穷人分了土地，农民很高兴。任凭国民党使劲浑身解数搞"民国范儿"爱得要死的民主议会制，但无地农民还是不领情。共产党给大家分地大家高兴，但共产党搞合作化统得太死，再加上"大跃进""放卫星"还饿死了人，大家反感"极左"。同样，改革开放放活市场，经济繁荣、商品丰裕，老百姓高兴。

但改革开放市场经济假冒伪劣、通货膨胀、"新三座大山"压人、"谷贱伤农"，人民不可能高兴。

我们必须坚持公有制为主体和多种所有制经济共同发展；坚持在国家宏观计划导向下，实行市场取向的改革；用社会主义的基本原则来反对资本主义的私有化、市场化、自由化以及两极分化，把资本主义社会经济规律的作用限制在一定范围内。只有这样，我们才能在资本主义周期性经济危机的浊流中，高举社会主义的红旗不断前进。[15]

---

15. 刘国光：《研究经济学要不要有正确的立场》，人民网，2011.6.17。

乡土的黄昏

城市病症

翻开中国历史，中国的奴隶制结束很早，封建制漫长得无法忍受，资本主义只萌芽不生长，中国社会尽管重农抑商，市场经济依旧发达得很，但就是没有过渡到资本主义并进而产生一个洋词汇——现代化。中国城市水平和规模负载的文明叫不叫现代化不要紧，但中国城市的发展历史远远早于西方社会。

中国早在公元前2世纪，咸阳成为世界上第一个上百万人口的大城市，到6世纪，南京人口超过百万。到18世纪，洛阳、西安、开封、杭州和北京，人口都超过百万。到此时世界上没有第二个国家出现过上百万人口的城市。直到1810年左右，伦敦才成为中国以外的第一个百万人口的城市，比南京晚了1500年。[1]

---

1. 胡焕庸、张善余编著：《中国人口地理》上册，262页，华东师范大学出版社，1984年。

从城市发展历史出发考察中国社会，中国不是完全的乡土中国。为此，有学者对"乡土中国"等同于"中国社会"的观点提出了批判，认为"费孝通先生所描述的中国基层乡村社会的一些基本属性，被扩大为中国整体社会的本质特征，中国城镇社会、城乡关系的传统以及传统的城市性等等，相应被忽略。由此，不仅中国的传统性被单性化，中国的城市性也成了纯粹的西来之物、无本之木。"[2]

中国有发达的市场经济，有繁荣的城市，乡土中国必然不是中国的全部，乡土中国必然和城镇中国有深入的往来。在此无意争论中国到底是"乡土"还是"城市"，我想探讨的是中国的城乡差距问题。中国的城乡差距在"刘姥姥进大观园"时体现得淋漓尽致。古代中国的城市生活不能称作现代化生活，但那样生活绝对是惬意的生活。今天我们追逐的是一种惬意的生活形态，我们更乐于套用西方的叫法，称其为"现代化"。也就是说，我们追求的根本并不是城市化，而是城市化有惬意（现代）的生活，能享受而已。为了能享受惬意的生活，世界各地的农民都在争取变成市民，在过去的数个世纪中，展开了庞大的迁徙。

乡村居民迁徙至城市的现象在人类社会中早已存在了好几千年。公元前三千年左右，城市形态的聚落首度出现于波斯湾，不久即散播至亚洲与欧洲。自从那时开始，人类就不断从乡下迁往都市。

---

2. 陈映芳：《传统中国再认识——乡土中国、城镇中国及城乡关系》，《开放时代》2007年第六期。

在接下来的五千年间，无可计数的小农与好几十万的地方精英都迁往了都市，虽然迁徙原因以季节或就业考虑为主，但也有愈来愈多的人在城市里待下来。[3]

今天，全球有 30 亿人～50 亿人居住在城市，未来 25 年里会有另外的 10 亿～20 亿人加入进来，我们所称的"城市"本身的性质已经发生变化。结果，出现了比我们以前经常听说的"巨型城市"还要庞大的实体。我们正在将地球本身打造成一座城市，一个单一、复杂、互联且仍不稳定的"地球城"（Global City）。[4]

中国在欧洲强盗发现新大陆这个很关键的历史时刻，没有抓住关键的机遇，中国衰落了，从此落后了 500 多年。改革开放以来，中国膜拜西方一面加速修建城市，一面急速推进城市化。有了城市的需求和吸引，乡村"精英"成功实现了向上社会流动。

1978—2013 年，城镇常住人口从 1.7 亿人增加到 7.3 亿人，城镇化率从 17.9% 提升到 53.7%，年均提高 1.02 个百分点；城市数量从 193 个增加到 658 个，建制镇数量从 2173 个增加到 20113 个。京津冀、长江三角洲、珠江三角洲三大城市群，以 2.8% 的国土面积集聚了 18% 的人口，创造了 36% 的国内生产总值，成为带动我国

3.【加】道格·桑德斯著；陈信宏译：《落脚城市》，132 页，上海译文出版社，2012 年。

4.【加】杰布·布鲁格曼著；董云峰译：《城变》序言，中国人民大学出版社，2011。

经济快速增长和参与国际经济合作与竞争的主要平台。[5]

人类社会浩荡前行，由乡土向城廓的进发是绵久的潮流。城市物质便捷、信息交汇，形成了强大庞杂的生活使命。城市如同一台生活机器，让所有进入的人像"流水线"上的零件一样耗尽自己的最后一滴血。城市没有自然，一切都是建构性的。与城市的挖空心思、不择手段、机器呆板、生硬冷漠相较，乡村始终保持着自然的诗意。失却自然的城市，只飘荡着电流和发动机的声音。麻木的表情、呆滞的面孔、防范的眼神……城市极度缺乏信任和人情。

城市爆炸性扩张，引发了无数问题。对城市的反思由来已久，但与人类对城市的炙热着迷相比，反思的声音总显得有些微弱和另类。韩国有位名叫法顶禅师的修行者，他逃离城市，逃离寺院，深隐山间。他认为"大自然是现代文明唯一的解毒剂"。

现在无论走到哪里，都很难找到天然的环境，连大寺院周围也都沦陷了。不只我们的环境被污染，就连寺院本身也成了高级消费的场所。寺院不像寺院，我们这种习惯食用斋饭的人，不管走到哪里，都变得很碍眼。

……人类、大自然及整个世界，都是自心的显现；唯有保持心灵的纯净与澄明，世界才能纯净与澄明。世界上的一切不幸，以及所有不合理的事物，都是因为我们的心灵不够纯净、清澈所致。[6]

5.《国家新型城镇化规划（2014 年 –2020 年）》。
6.【韩】法顶禅师著；柳时华编：《山中花开》，20 ～ 21 页，二十一世纪出版社，2008 年。

修行者皈依自然的愿望强烈，修行者毕竟是世俗社会的少数派。与法顶禅师这样的修行者相比，利比亚前最高领导人卡扎菲对城市的反思则有些难能可贵，他出访和接待外宾都习惯使用帐篷，他在文艺作品中更是直抒胸臆批判城市文明和城市生活。

城市生活纯粹是一种蛆式生活。人在其中毫无意义、毫无见解、毫无思考地活着和死去。人不论活着还是死去，反正都是在一座坟墓里。在城市里没有自由，没有舒适，也没有清静。到处都是墙。[7]

青年文艺评论家李云雷认为，卡扎菲对城市生活的批判，集中在这样三个方面：

一是"每样事物都会有城市生活所要求的物质价钱"，这里所批判的是资本主义及其价值观念，即将金钱作为衡量一切的标准；二是城市生活的符号性与抽象性，人们借以辨别个人身份的只是"号码"，而忽略了人们之间社会关系的丰富性；三是城市生活方式对传统乡村生活方式的破坏，主要是"陌生人社会"对"熟人社会"的破坏，人们疏离了传统与亲情，置身于荒漠一样的城市生活中，在卡扎菲看来，这是一种扭曲的、不自然的生活方式。[8]

7. 选自《城市》一文，见穆阿迈尔·卡扎菲著；李荣建译《卡扎菲小说选》，此书由长江文艺出版社 2001 年 7 月出版。

8. 李云雷：《我们能否理解卡扎菲？——读〈卡扎菲小说选〉》，李云雷新浪博客，http://blog.sina.com.cn/s/blog_4be5e0cd0100s3l1.html.

批判城市生活和城市文明的同时，卡扎菲对乡村生活充满了热爱、眷恋和向往。

乡村多么美啊！清新的空气，广阔无垠的天地，无须支柱撑起的天穹玉宇，光辉明亮的日月星辰，还有良知、理想和典范，这一切都是道德规范的根本。不用怕警察、法律、监禁和罚款，无拘无束，不用听任何人瞎指挥，耳边不再有吱哇乱叫的警笛声，眼前也不再有强令执行的指示牌。[9]

李云雷认为，"卡扎菲对城市文明猛烈的批判，而且其情感的激烈程度已经达到了非大声疾呼不能表达的地步。城市生活在这里是一个压抑的象征，既有自然环境（二氧化碳、一氧化碳）的因素，更多的则是精神上的挤压与'厌倦、烦闷'。"

对城市生活的批判，是19世纪资本主义发展以来的重要主题，从波德莱尔到卡夫卡，都对城市生活的压抑与异化有着深刻的呈现，在俄国象征派作家安德烈耶夫的《城》中，城市也是一个孤寂的荒漠，个人只能封闭在个人之中，无法寻找到情感慰藉与心灵寄托；而在现实主义作家巴尔扎克、狄更斯、德莱赛的笔下，城市则是资本与野心竞逐的场所，是剥削、压迫、侮辱与伤害的黑暗之地（《雾都孤儿》），是乡村青年男女的堕落之地（《高老头》、《嘉莉妹

---

9. 摘自卡扎菲：《乡村啊，乡村……》一文，见穆阿迈尔·卡扎菲著；李荣建译《卡扎菲小说选》。

妹》），在卡扎菲的文章中，也表达了同样的感受与情感，但不同的是，卡扎菲在这里是以直抒胸臆的方式表达出来的，似乎只能以这样的方式才能抒发他内心的愤懑。[10]

与这些彻底反叛城市的批判声音不同，试图呼唤新战略，思考"如何管理城市经济，如何发展共同的城市文化，以及如何构建城市的形式和体系以创造一个更少贫困、更平等、更环保的地球城"的加拿大学者杰布·布鲁格曼对"爆炸性扩张中的城市"同样充满了隐忧。

如果不能就未来数十年的城市革命制定出战略规划，我们将无法预测或掌握世界的演化方向。一直以来，政府和企业都被城市革命杀个措手不及，如1979年伊朗伊斯兰革命、1986年菲律宾二月革命、1989年中东欧巨变，以及南非在20世纪80年代和90年代早期的反种族隔离运动；城市灾难（2005年新奥尔良飓风灾害）、流行病（2003年非典型肺炎）、暴动（2005年巴黎、2007年加沙、2008年贝鲁特和内罗华）以及经济危机（2007年次贷危机）。在缺乏有效经验的条件下，社会的迅速城市化，将带来社会的脆弱，以上便是证明。我们对这些事件无法做到未雨绸缪，这只能说明我们仍未抓住问题的核心。[11]

---

10. 李云雷：《我们能否理解卡扎菲？——读〈卡扎菲小说选〉》，参见李云雷新浪博客，http://blog.sina.com.cn/s/blog_4be0cd0100s3l1.html.

11.（加）杰布·布鲁格曼著；董云峰译：《城变》，13页，中国人民大学出版社，2011。

城市因贪婪地追求物欲而不断壮大，甚至爆炸性扩张，失控的城市生长埋下了难以解决的祸患：气候变化、跨国犯罪、政治动荡、恐怖主义、流行病、供应链的支离破碎、拥挤以及骚乱。[12] 人类不控制城市的爆炸性扩张，城市会将人类爆炸。

在中国，千百万个崖边因赤贫而呻吟，"政治"根本无暇顾及并解决崖边的问题，而是要将努力用在消除"因贪婪物欲催生的城市问题"上。不论城市有多大的病，更多人都愿意享受城市惬意的生活，城市化的趋势无可更改。探索一种有序渐进，既能确保城市顺畅，又能顾及农村发展的城市化道路，不止是中国的课题，更是世界的课题。但似乎这样的命题至今没有人能提出来，因为人类过于急功近利、过于自私自利，人类拥有的平等比人类拥有的黄金还稀少、更珍贵。

12.（加）杰布·布鲁格曼著；董云峰译：《城变》，13 页，中国人民大学出版社，2011。

"城建运动"的罪与罚

让农民进入城市，把农民变成市民，世界流行的叫法是城市化。中国农村面积庞大，城市化任务太重，中国社会的聚落群也是由村庄、乡镇、县城、小城市、大城市，这样一级接着一级因繁荣程度不同而推上去的。距离乡土中国最近的市是城镇，城镇发展得好可以成为城市，因而中国将农民城市化的进程叫做城镇化。小镇是农村和城市的过渡地带，强化镇区的发展更易于吸收农民向城市化的迈进。

城市化不是目的，过上惬意的生活，才是目的。人类目前惬意地生活在这个时代，这种情形被誉为现代化的状态。在人类已经走过的道路中，借助工业化大生产而发展大城市并迈向现代化的西方模式，有别于中国历史上的城市化。西方工业化促成的城市化和现代化也远远超越了中国历史上的城市化规模和水平。

中国躬身学世界城市化，欣然兴起建城革命，处处都搞经营城市，处处尽现"圈地运动"。

走在中国城市的大地上，最引人注目的就是高楼。建成的、在建的……

改革开放30年，中国人人人都会说——"市场经济"。不论官员学者，还是贩夫走卒。

"在市场经济中，有一条众所周知的真理：自由地买和卖，等价交换。在三十年的改革开放之后，中国已经因为尊重和适用这条规律，得到巨大的发展，但是却在影响人口最多的土地问题上有了一些例外。"这是中央电视台新闻调查栏目《征地破局》节目开栏的一句话。[1]

围绕着土地的疼痛，国家电视台制作了一期大胆的新闻报道。对改革开放以来中国大地上上演的"圈地建城运动"作了全面的透析与探讨。

建城成了发展的标志，发展成了膜拜的教条，地方政府在发展和开发土地之间画上了不平行的等号，等号之间就埋下了祸害。

"这块土地，对于一个中国农民来说，寒来暑往春耕秋收，是他全部的生活来源，也是他老了以后的保障。但是如果在这上面要建一个商品房，出不出让，他说了不算，村集体说了也不算，他也没有讨价还价的权力，政府从他的手中把这块土地征走之后，再批租给商人，不管土地要增值多少钱，农民拿到的都只是一个固定的数字。"主持人柴静的这一句话揭示了所有的内幕。

---

1. 中央电视台《新闻调查》栏目播出节目，2008年11月22日，http://news.cctv.com/china/20081122/103418.shtml。

城市不断扩大，"圈地运动"让良田面积不断缩小，商品房、工业园区、经济技术开发区，一圈就是一大片。商品房盖得多，炒得凶，人人抱怨买不起房；工业园有的企业圈了地不生产，只盖一个钢架结构的简易房，再搞一些绿化带，大门一锁，无人问津。

失地农民一开始拿了一点补偿还暗自庆幸自己成了城里人，到后头钱用光了，种地无地，上班没班，养老无社保，勤劳的可以打打零工，懒惰的只会赌博酗酒闹事。

新自由主义经济学家一再强调，改革让一部分人付出代价是正常的、必要的，但失地农民问题不解决将导致的不稳定因素同时又是经济成果难以消化的。

从1978年到2000年之间，中国新增城市400多个，城镇人口增加了将近三个亿。没有便宜的农地，就没有这样的规模和速度，但是农民为此付出了极大的代价。农民土地上的相当部分收益，实际上变成了城市基础设施的改造、城市的美化。

报道说，情况在1998年10月30日以前还没有恶化，因为当时的中国农村实施的是"协议征地"，也就是说，用地的人与农民直接见面，双方协商土地价格，政府在其中只起一个中介作用，农民得到的补偿还多一些。但是1998年"公告征地"实行，我们都知道公告是什么意思，贴出一张纸，通知你，你的地我收了，收多少？多少钱？不用商量，因为纸上已经写得清清楚楚了。甚至经常连这张纸也被省略了。

在高速城镇化的氛围中，个别地方政府恨不得一夜之间消灭所有的农村。土地财政能给地方政府带来实实在在的效益和实惠，故而对经营城市趋之若鹜。经营城市的核心问题是土地问题，土地在商人的倒卖下，一步步升值。有的地方成立了城市投资公司，由行政长官直接担任董事长。所谓经营城市实则圈地，就是把城市中间的市民以公益性建设的名义赶到郊区，再把拆迁圈来的地高价拍卖。或者，把城中村、城郊村农民的土地征收，用商品房进行安置，土地倒卖给开发商，变作土地财政收入。这种做法变得名正言顺，毫无节制。

政府，这个代表公众利益的机构，也卷入了分利的行列。"嘉禾事件"[2]之后，野蛮拆迁成了热门的新词。拆迁与被拆迁斗争持续不断，愈演愈烈。有的地方，直接发生了血案，征地纠纷已占到全国农村群体性事件的 65% 以上。

中国的人均城市建设用地是 130 多平方米，比发达国家还多 40 多平方米。而全国人均占有土地只有一亩三分八，对于土地和开发建设，中央农村工作领导小组提出耕地要保住 18 亿亩的红线，否则全国人的吃饭将成问题。中央农村工作领导小组办公室主任陈锡文每次接受采访都是神情冷峻、言辞犀利。

接任中农办主任以来，他的声音屡屡出现在媒体报道中：痛批农地增加挂钩，声讨"农民上楼"，反对突破耕地红线改变农地用途。

---

2. 湖南省嘉禾县在实施珠泉商贸城房地产开发项目时，县委、县政府滥用行政权力强制推进房屋拆迁，先后对 11 名公职人员进行了降职、调离原工作岗位到边远乡镇工作等错误处理，并错误拘捕李会明等 3 人，资料来源：http://news.sina.com.cn/c/2004-06-04/20442719546s.shtml。

在他背后，城镇化的机器轰然作响，每年有2100万人涌进城市定居，房地产疯狂生长，土地供应日益紧张。随着城镇化成为当下中国的焦点，他被推到了风口浪尖。

市长们绞尽脑汁想出各种经营土地的主意，都被陈锡文识破和抨击。一次调研中，一位地级市领导告诉陈锡文，准备用3到5年时间把所辖村庄全部拆迁，省出100万亩建设用地。

——"哪来这么多钱？"陈锡文很惊讶。

——"100万户农民让他住楼，至少省出70万亩地，50万一亩就是3500亿，100万亩就是7000亿，什么事干不了？！"

——"你真是了不起，将来出了问题哭都来不及！"

陈锡文阻力重重，"市长们反对他。挡住一些人的财路了。"一名受访者说。[3]

有勇气反思固然可歌可赞，能及时发现弊病，找到良药才是治病的根本。出路在何方？中共中央十七届三中全会说要"严格界定公益性和经营性建设用地，逐步缩小征地范围，完善征地补偿机制"。也就是说，经营性用地，政府会逐渐退出征地。这的确是问题的症结所在。

1998年的时候违法批地，已经被列入刑事犯罪，但无数的违法批地案，却没有一个官员因此而入狱。

---

3. 林姗姗、杜强：《九号院的年轻人》，见《南方人物周刊》2013年8月26日。

新的政策，并未遏制征地困局。强拆和征地导致的冲突不断刷新媒体的关注度，2014 年，平度拆迁血案再度把征地问题推到风口浪尖。[4]

城市化率提高 20 个百分点，我们只用了 22 年时间，而美国用了 80 年，英国用了 120 年。中国的城市化已经是"大跃进"式的，再加快的话势必会出麻烦。靠经营发展起来的城市普遍存在亏空，赤字惊人。既欠债又伤人的造城运动实在是恶行累累、罪责深重。这样的城镇化实在要不得。

---

4. "3 月 21 号凌晨，山东平度市杜家疃村发生一起火灾。四名杜家疃村的村民在帐篷里居住时，所在的帐篷突然着火，这起火灾最终造成了一名村民被烧死，三人被烧伤。经过当地警方的调查，这是一起人为的纵火案件，幕后的主使者是当地的村委会主任和一名房地产承建商。这起恶性的暴力事件把公众目光的焦点聚焦在了平度的拆迁问题上。"见凤凰卫视 2014 年 4 月 3 日《社会能见度》栏目。

中国在崖边

2000 年时中国有 360 万个自然村，到 2010 年，自然村减少到 270 万个，10 年里有 90 万个村子消失，平均每天有将近 250 个自然村落消失。目前，行政村也从原来的七十几万个减少到了现在的不到六十几万个。

2012 年，中国城镇人口首次超过农村人口。国家行政学院经济学教研部副主任张孝德曾撰文说，这标志着当代中国已经从乡村社会转型为城市社会。处在这个历史性拐点的国人，一方面对中国百年之久追赶西方现代化的期盼给予了极大鼓舞，另一方面，面对快速消亡的乡村文明，却感到阵痛和担忧。[1]

---

1. 摘自《城镇化阵痛与担忧：10 年 90 万个自然村销声匿迹》，中国广播网，http://china.cnr.cn/yaowen/201308/t20130809_513270879.shtml。

陈锡文严肃地指出，这种快速的城镇化进程是"低水平的"。不科学的数据统计口径造成了城镇化水平"虚高"。

国家统计局的统计口径按照国际惯例来执行：即居民在一个地方居住 6 个月以上即按照居住地的办法统计出来。但实质上，进入城市的农民工及其家属在享受社会保障、公共服务方面的缺失都很明显。至少 1/4 的人口没有能够充分享受到这个城市政府本来应该提供给他的公共服务和社会保障，"按照我们的理解他们不能算是城里人"。[2]

现在，很多的崖边人都想逃离崖边，而真正脱离崖边融入城市的人只是一少部分，更多的人在"亦城亦乡"中漂泊不定。如果只按照在城里居住六个月就算城里人的指标计算，崖边村一半人口都是城里人。但是真正成为城里人，必须要有几个硬指标：第一要有城市户籍；第二要有住房；第三要有相对稳定的工作；第四要有社保；第五孩子要有上学的条件；第六……用这样的硬性指标统计中国农村人口的大迁徙，城镇化率将会大打折扣。就像中国人均收入的统计，先富起来的个别人群的高收入总能让低收入者的收入被增长。不包括实际生活质量的城镇化率统计数字并不能证明实际的城镇化水平，解决实际问题必须注意到这一点。

2.《陈锡文：不科学数据统计口径造成城镇化率"虚高"》，中国经济网 2011 年 03 月 29 日，http://finance.jrj.com.cn/people/2011/03/2913429593851.shtml。

大批农民进城，需要解决的是实际的国民待遇问题。大批农民留在乡土，需要解决的是实际的生存问题。如果崖边人能有自来水、能有下水道、能有抽水马桶……这样惬意的生活方式，你叫它"古代化"也没关系。

　　如果有一天，突然有人说，把崖边整体搬迁进城，让崖边人全部城市化，变成市民，有工作，有饭吃，有衣穿，那就谢天谢地。但这是不可能的，这只是痴人说梦。如果全中国只有一个崖边处在"古代化"，那痴人的梦也会成为现实，但问题是只崖边所在的一个乡就有60多个崖边，一个县、一个省、整个西部，将有多少个崖边？全国有270万个啊！

　　从城市拥堵、污染严重的环境现实出发，农村的确是生活的好去处。"即使是那些早已实现城市化的国家，也有越来越多的人工作在城市，生活在乡村，德国有40%的人口生活在乡村，美国22%、日本20%以上。世界上所有的贫民窟都在城市，而不是乡村；世界上最舒适的住宅都在乡村，而不在城市。"[3]

　　我们追逐城镇化的目标是现代化，实现现代化绝非城市化一条路径。发达国家早已现代化，发展中国家先富群体也已现代化，但地球70亿总人口当中，只要有一人没实现现代化，就不能说人类都实现了现代化。现代化是目标，市场经济、资本主义、城市化无非是实现现代化的手段。手段不能成为目标。所以我们不需要补资

---

3. 刘奇：《中国三农"危"与"机"》，159页，北京：中国发展出版社，2014年。

本主义的课，我们迫切需要加紧现代化。资本主义文明经历的道路无法躲开剥削、压迫、掠夺等字眼，甚至还有屠杀，这样的现代化路径过于血腥。整个世界体系中，中国的城镇化未能脱离"世界通病"。更何况依靠资本主义实现现代化的国家并没有让自己的所有国民都实现现代化，所以我们要实现的现代化必须是邓英淘所说的"多数人的现代化"。

围绕如何更好地实现现代化，邓英淘早在1980年代末至1990年代初，就提出"（1）经济体制改革，（2）发展方式选择和（3）国际经济、政治和战略格局，是一个不可分割的'三体问题'，必须统筹考虑，找到'综合解'。" 2011年8～9月，邓英淘临别之际在医院里和王小强长谈《为了多数人的现代化》。

如今地球已经70亿人口了，到本世纪中叶，要达到一百亿。大家都要现代化，如果人均按5吨标准煤计算，就是五百亿吨，当量又不对了，相当于现在世界能源消耗的五倍！研究这类问题时，当量变换经常要在脑子里想半天。到那时候，我估计石油价格得上千美元了，你怎么用得起？小康，吃饱穿暖，对资源要求还不很高；小康以后，实现现代化，这样行不行？能不能支撑？为此我提出来了"双重压力"问题。第一重压力容易理解，咱们比人家落后，也要现代化；第二重压力，世界资源基本上已经所剩无几了，如果占世界人口70%～80%的多数人都要现代化，能源消耗必须得翻两番、四翻，这个地球明显承受不住。所以当时就在思考，现代化不等于西方化。有没有一条道路，其资源基础和生产方式，包括生活方式，大多数人都能现代化，而不是仅仅是少数人的现代化？西方现代化的经典模式是，我现代化了，你就别现代化了。我们肯定不能是这种模式。[4]

邓英淘上世纪 90 年代初担忧的问题，奥巴马在 20 年后进行了印证："如果 10 多亿中国人口也过上与美国和澳大利亚同样的生活，那将是人类的悲剧和灾难，地球根本承受不了。"邓英淘 20 多年前的警告无人愿听，如今奥巴马的警告总该有人听了吧？

奥巴马要把中国人民对富裕生活的追求，描绘成为是对地球和人类的灾难性威胁，抹杀了中国 13 亿人追求幸福生活的权力。奥巴马清楚，中国当真要按照邓英淘的思路转变发展方式，摆脱西方特别是美国主导的经济、金融发展轨道，"为了多数人的现代化"而奋斗，美国及其他西方国家将会严重"失血"。因为"2011年，美国从全球攫取的霸权红利达 73960.9 亿美元，占全球总量的 96.8%，是攫取霸权红利最多的国家；中国损失的霸权红利高达 36634 亿元，占全球霸权红利损失的 47.9%，是霸权红利损失最多的国家。"[5] 在美国等西方国家看来，他们帮助中国走上改革开放道

4. 杨莹录音、整理，王小强访谈、查书：《邓英淘：为了多数人的现代化》第 4 页，《香港传真》NO.2012-1，2012 年 1 月 9 日。

5.《美国 2011 年攫取霸权红利 7 万亿美元 近半来自中国》，2013.1.9 中国新闻网。这篇报道还指出，"如果没有 GDP 过半的霸权红利损失，中国劳动者每天工作时间至少可缩短 20-30%，完全可实行每周 4 天工作制，到 2020 年，中国也有能力建立起类似北欧国家实现全民免费医保、养老和教育等福利制度，建成共同富裕、高人类福祉、资源节约和环境友好型的社会。"

路，是要消耗中国资源维持自己的富裕生活，而不是要让中国人都过上和美国人一样的富裕生活。

支撑现代化的重要能源石油中国不能自给自足，依赖进口的能源需求直接影响到经济发展方式、国际政治战略。邓英淘早在1990年代就担心石油供应问题，20年后，中国成为了世界最大的石油进口国。

> ……如果不采取任何措施抑制能源消费，到2030年，中国约75%的石油要靠进口。届时，中国每年将消耗约8亿吨石油。这比中国2013年消耗的石油总量高出约60%。美国能源信息局提供的数据显示，中国将于2014年超过美国，成为世界上最大的石油进口国，而且目前中国消耗的石油一半以上要靠进口。[6]

中国在哪里找石油，美国就会在哪里搞动乱。从非洲到中东，从利比亚到缅甸，处处都是国际战略格局问题在考验中国。

1990年代初，中国正在狂热学习亚洲"四小龙"，搞来料加工的工业化、城市化、现代化发展模式，邓英淘对此却不以为然。他认为中国和"四小龙"比，量级不一样。他用跳蚤和大象比跳高的比喻说明"把全中国都做成来料出口加工不行，犯了一个组合谬论：个别不能涵盖全域"。资源、市场两头在外的"来料加工"式发展模式不能让全中国实现现代化。时过境迁，这个"世界工厂"

6.《外报：中国2014年或超美成最大石油进口国》，见参考消息网，2014.2.15。

模式今天已经难以为继。

围绕中国能源结构，邓英淘提出用"西部调水"+"建设生态种草种树"实现新能源革命和新发展方式跃进。这是他十多年跑遍西部山山水水从国家大战略格局提出的有别于西方"经典"现代化模式的发展路径。邓英淘断言："依托新发展方式实现现代化，是发展中国家的一次历史性的机会。中国能够抓住这个机会吗？应该说，舍此我们别无出路！"

只要解决了水的问题，就能救活西部，就能救活中国。西部只要有水，就不会成为中国的累赘，如果不能解决水的问题，西部的生态还会持续恶化。2012 年，我曾到内蒙古希拉穆仁草原，七、八月份正值水草丰茂的季节，但希拉穆仁的草原砂砾裸呈，草棵稀松，令我大失所望。当地导游介绍说，2012 年是希拉穆仁降雨充沛的年份，要稍微干旱一点，还会更差。没有水，沙进人退，只会有更多的民勤[7]，只会有更多荒漠。

崖边只是广袤西部千百万个村庄中的一个，水是其存活的命脉。只要能够解决水的问题，那些贫瘠村庄就会活起来。为西部引水，在西部种草种树建设生态，救活崖边充满希望。更何况西部的平坦

7. "民勤县 1.6 万平方公里的土地上，各类荒漠化土地面积眼下已经达到了 94.5%。仅剩的绿洲，被两大沙漠一日日围歼，萎缩成一个向西倾斜的三角形，最宽处不过 40 公里，最窄处仅一路之宽。……人们预测说，照这样下去，用不了多少年，这块绿洲，也许就会被两大沙漠吞噬。到那时候，再没有什么能阻止第三大沙漠和第四大沙漠融合为一体，变成中国的第二大沙漠。"见《中国青年报》2009 年 8 月 26 日冰点特稿：《民勤绿洲还能绿多久》。

区域还能创造出大效益。

西方的现代化模式我们不能照搬，但中国自己必须现代化。农业人口居多的中国要实现现代化任务艰巨。近几十年的城镇化实践，一小部分人早已实现了现代化，但"多数人的现代化"遥遥无期，特别是像崖边这样的农村人口还几乎处在古代化。

把农民引导到城市解决贫穷问题和就地解决农民贫穷问题，孰易孰难？为了多数人的现代化，还是要加强西部的建设，加强乡村的建设。中国90%的人口挤在100万平方公里的平原地区，尽管创造了巨大的生产总值，但中国不能把东部地区变成美国，把西部变成非洲。

2013年12月召开的中央农村工作会议强调："小康不小康，关键看老乡。一定要看到，农业还是'四化同步'的短腿，农村还是全面建成小康社会的短板。中国要强，农业必须强；中国要美，农村必须美；中国要富，农民必须富。农业基础稳固，农村和谐稳定，农民安居乐业，整个大局就有保障，各项工作都会比较主动。"

　　……农村是我国传统文明的发源地，乡土文化的根不能断，农村不能成为荒芜的农村、留守的农村、记忆中的故园。要重视农村"三留守"问题，搞好农村民生保障和改善工作，健全农村留守儿童、留守妇女、留守老年人关爱服务体系，坚持不懈推进扶贫开发，实行精准扶贫。要重视空心村问题，推进农村人居环境整治，继续推进社会主义新农村建设，为农民建设幸福家园和美丽乡村。[8]

8.《中央农村工作会议在北京举行 习近平、李克强作重要讲话》见《中

2014 年 3 月 16 日发布的《国家新型城镇化规划（2014 — 2020
年）》提出，要"走以人为本、四化同步、优化布局、生态文明、
文化传承的中国特色新型城镇化道路"。"常住人口城镇化率达到
60% 左右，户籍人口城镇化率达到 45% 左右，户籍人口城镇化率与
常住人口城镇化率差距缩小 2 个百分点左右，努力实现 1 亿左右农
业转移人口和其他常住人口在城镇落户。"

有专家认为这体现了中央量力而行，实事求是的态度。围绕农
业转移人口落户城镇的问题。中科院院士陆大道接受《每日经济新
闻》采访时表示："城镇就业是决定城镇化速度、城镇规模的主要
支撑条件。近年来，我国城镇化速度较快，产业支撑无法跟上，城
镇就业岗位的增加赶不上城镇新增人口的增长。"

我国城镇化率近年来每年增长 1.3%，每年相应增加城镇人口
1800 万人，但每年新增就业岗位不到 1200 万个。此外，许多城市
的新区建设是人为拉动，产业支撑不力，涉及 2.6 亿农民工在城市
的发展和生活保障问题，他们进城后的就业缺乏稳定性。[9]

不论中央农村工作会议精神，还是新的城镇化规划，都有非常

国共产党新闻网》，2013 年 12 月 24 日，http://cpc.people.com.cn/
n/2013/1224/c64094-23936629.html。
9.《国家新型城镇化规划：6 年内 1 亿人进城落户》见《每日经济新闻》
2014 年 3 月 17 日第 2 版。

好的提法，但关键要看未来的执行。在过去的 20 多年，没有什么决策文件或者规划要求全国大拆大建，但是全国的省、市、县长们，建设城市的热情大大超越建设农村的热情，这一点在西部省份表现得尤为突出。为此，有专家就新型城镇化规划在接受《每日经济新闻》采访时表示，"城镇化不需要动员，各地政府都在蓄积能量，大规模刺激经济来推动城镇化。"

"一动员、一搞起来的话，马上这个势头就会显现。"他说，"过去我们的城镇化率每年增加速度为 1.7%、1.8%，城镇化是伟大的成就，但是代价不小，问题是非常突出的。"[10]

农民进入城市工作易，但扎根城市生活难。新型城镇化除了要引导农民进城，更要安排农民在城市的生活保障。这包括户籍、养老、工作、社保等一系列现实问题。在所有农民无法都用城镇化办法解决的前提下，加大乡建力度，提升留守乡土人群的生活质量，是未来最大的任务。为农民建一所希望小学，为农民修一条农路，为农民解决一处饮水工程，这些具体的工程，只要实施，就能让农民的生活质量得到实实在在的提升，就能让农民向现代化迈近一步。以崖边村为例，过去 10 年，国家在这方面加大的投入已经见到了效果，在国家有能力以城带乡的发展阶段，对农投入切实地加大是所有农民的共同愿望。回顾历史，农民为中国付出已很多，中国成为世界

10.《国家新型城镇化规划：6 年内 1 亿人进城落户》见《每日经济新闻》2014 年 3 月 17 日第 2 版。

第二大经济体，反哺农业、反哺农民责无旁贷。

　　据专家分析计算，1952～1989年，国家通过工农产品价格"剪刀差"和税收，从农村中汲取资金7000多亿元（扣除国家支农资金），约占农业新创造价值的五分之一，超过当时国有工业固定资产原值。虽然学界公认90年代初国家工业化资本原始积累阶段已告结束并已进入中期发展阶段，但是国家从农村中汲取发展资本的政策并未改变，1990年～1998年，国家通过财政渠道、工农产品价格"剪刀差"和金融渠道，又从农村汲取资金1.9万亿元。另据有人估计，从1950年到1996年，我国农民为国家工业化和城市发展提供资金积累（农村资金净流出）超过2万亿元，大约相当于我国社会资本存量的三分之二。[11]

　　与其轰轰烈烈"伤人欠债"圈地城镇化，倒不如扎扎实实加强新农村建设，让农村的基础设施、生活环境得到改善。城镇化和乡建是新乡土中国面临的一体两翼问题，城镇化和乡建这两个"翅膀"必须一起动起来，才能平衡前进。消灭农民达到城市化、现代化的路径，任由剪刀差不断扩大，只注重城市，进而利用农民、依靠农民发展城市的作为，尽管农民也得了一些小利，但是差距不断拉大之后，难免会出现危机。

---

11. 刘奇：《中国三农"危"与"机"》，17页，北京：中国发展出版社，2014年。

守住乡土

　　巨大迁徙的结局，是城市的爆炸性扩张和乡土的毁灭性死亡。作家、导演、诗人……越来越多的人都在反思这一问题，一系列有关乡愁、村庄的作品吸引了很多人对乡土诧异的目光，似乎乡土问题是这些作品的作者敏锐发现的结果，"市民"阶层对乡土的麻木可见一斑。从现有的论述中，对这类问题充满反叛批评诘问的有，充满温情体恤悲怜的也有。在认知乡土死亡的领域里，乡土的过去在皇朝更迭中并无光鲜可言，乡土的近代试图用集体化突围遭到了否决进而以失败告终，乡土的当代借鉴世界潮流造成了自己的死亡。封建化的、集体化的、自由化的乡土存，很多自觉意识先进的人都不认可。资本全球化的今天，全世界的乡土都在面临死亡威胁。全世界都在一边大踏步城市化，一边假惺惺地发出挽留乡土的哀鸣，无疑是乡愁的滥觞而已。

　　在众多有关乡土的写作中，熊培云的《一个村庄里的中国》是既有现实关照，又有出路分析的作品，但对该书的观点，本书不能苟同。

熊培云先生洋洋数十万言关照乡土问题，纵论古今、旁征博引，对中国在 1949 年至今的变革多有微词，尤其对革命深恶痛绝。在批判土地集体化的同时，对 1949 年之前的土地政策和乡建试验惺惺相惜。即便是对"抓丁拉夫"之类的丑行也保持了宽容的克制。在对自己故乡小堡村十年的观察中，作者对村庄未来的判断由"凋零消失"变成了"乡村继续在生长，开花结果"。"轰轰烈烈"检讨完集体化的土地政策之后，熊培云在结语中呼吁：

> 简而言之，虽然吸食农村膏血的城市化、现代化让乡村日复一日沦陷，但伴随着社会的开放，那些外出自救又不忘故乡的人，还是会回到故乡，建设故乡，间接将故乡守卫。虽然农村出现了局部的萧条与沦陷，但另一方面一个新的乡村社会也在形成。而确保中国如何不因为现代化、城市化而失去乡村，最紧要处仍在于打破持续百年的"鱼苟效应"，使人力、物力、财力等由乡村到城市的单向流动转为双向流动。一方面，国家不但不能继续扩大城乡差别，要还农民以国民待遇，而且要积极反哺乡村，使农民是为选择想要的生活而非只是为了谋生而逃向城市（北京的膨胀已经为资源汲取型城市扩张敲响了警钟）；另一方面，因为这种公平的价值取向及其可以预期的未来，城里的资金与人口才有回到乡村的可能。[1]

---

1. 熊培云：《一个村庄里的中国》，470 页，新星出版社，2012 年。

为了找到农村精英进城以后回流乡村的可能性，熊培云将"旧时的告老还乡"也算成了城市反哺、建设乡村的实例。为此还引用孟德拉斯对法国的论述："在城市人一边，他们将会到越来越远的地方去寻找自己的乡村住宅……即便是他们没有园丁和守门人，他们毕竟需要各种各样的服务，这会帮助很多人找到生活的出路。"熊培云还反问，今天我们常常会听到"送文化下乡"、"送家电下乡"，为什么不"送城里人下乡"？为什么不盘活农村的宅基地市场及房产市场，使更多的城里人在乡村开辟第二住所，甚至久居乡村，与乡村居民分享城市文明？为什么不能让许多退休的人能够有条件回到乡村悠闲度日？这些有闲有钱阶层，对于乡村的发展，无疑有莫大好处。

熊培云谴责城乡差距、二元对立义正词严，但谈到农村出路时语焉不详。中国古代一直有告老还乡，一直有富人请穷人做保姆、扛长工创造就业岗位，怎么没见得将中国发展好？怎么从来没有阻止熊培云深恶痛绝的暴力革命的发生？熊培云口口声声放开土地产权是为了让农民得利，为了让农民实现富裕。论述到最后，放开土地产权和宅基地产权原来是为了让"许多城里人在乡村拥有第二住所"，让有闲有钱阶层在农村过悠闲的退休生活，靠先富人群的吃喝享乐给农民创造就业机会。这种毫无平等追求的观念放置在解决农民、农村问题的论述里，我觉得是在乞怜。

乡村急需的是基础条件的改善，急需的是村民内生的经济增长动力，绝不稀罕先富人群施舍的就业岗位。鉴于多年的农村生存经验和农村调查研究收获，本书认为解决乡土问题不能松懈下面几个关键点。

第一，土地产权问题。这个问题在关于警惕土地私有化一节中，已做了详细论述。在此再做强调：新乡土中国问题的要害在于土地的经营。历史经验告诉我们，农村发展的成败得失，都与土地政策直接相关。应当继续坚持土地集体所有制，一定要警惕土地私有化，这有历史的前车之鉴。再则，在崖边，保持农民没有出现较大两极分化的根本原因就是土地均分制度。土地革命均田地，为农民都分了土地，耕者有其田；改革开放包产到户，让农民拥有了对土地的自主经营权。这两个成果需要继续巩固。

今天倡导集约化、规模化，搞土地流转，大量资本下乡，容易抄了农民后路，必须警惕"农业资本主义化"。小范围、小规模的土地流转是可取的，这样做能促进土地的合理开发利用，缓解因农民大量进城务工而撂荒土地。只要土地别撂荒，有人耕种，总能长出庄稼养活人，这样不会耽误国家的农业。但是，历史教训必须汲取。"富者田连阡陌，贫者无立锥之地"，"千年田八百主"这样的历史总结我们不能视而不见。

目前已经开展的土地流转和合作化，多被一些公司资本主导，真正的小农得不到利益，这是不可取的，这是应该避免的。土地流转尽管是以确保农民收益权为旗号开展的，但尊重事实的人都清楚，土地流转收取红利最多的无疑是资本。从我调查甘肃的情况来看，农民出租土地收益甚微，川地一亩一年的租金不过 1000 元，山地一亩一年的租金则不过 100 元。支持土地私有化的人经常会抬出土地区位优势较高的地块农民会得到大利益这个挡箭牌说事，但土的功用主要来说应该是种田，而不是种房子。况且能获得土地区位优势的农民只有农地被征用的城郊农民，城郊农民在整个中国农民中只是极少数一部分。维护极少数农民利益决不能代表维护了全体农民的利益，城郊个别被征地农民的权益受损也不能说成是全中国农民的问题。贺雪峰将地方政府推动、资本介入的大规模土地流转称作"不可逆的土地流转"，并公开反对。贺雪峰担心一旦农民进城受阻，或者进城失败后返回乡下，没有土地将意味着一无所有。贺雪峰的观点接近现实，因为崖边所有外出打工的人都没有放弃崖边。为进城农民保留最后的"生存保障"，是保持国家稳定的基础。

今天叫嚣土地私有化的人多是新自由主义经济学者，他们信奉西方经济学，一切问题拿西方理论套用。贺雪峰批评自由主义经济学家："思考问题只从抽象原则出发，而不（愿或能）对问题本身的复杂性进行分析。这种只从原则出发思考问题的经济学家，从轻处说是偷懒，从重处说是不负责任，哗众取宠"。这些经济学家有意或无意对人类社会发展形态的"历史哲学"存在误解，认为中国必须补资本主义的课；对"摸着石头过河"的政治导向存在误解，认为中国的改革就是朝向资本主义。这些经济学家言必称美国，但从不提美国的历史实践。只说美国"民主自由生活好"的好处，从不说美国"霸权掠夺干坏事"的坏处，更不分析中国学习美国有着巨大国情差别。

第二，农村要发展集体经济。放眼全国，经济形势较好的村庄，都是坚持了集体经济的村庄。单打独斗的小农经济模式不可能有好的发展前途，千千万万个崖边村30多年的发展雄辩地证明了这一点。

在集体化时代，农民没有自主经营权。改革开放后，家庭联产承包责任制既解决了农民的自主经营权，也保障了土地的均分。但是农户分散经营的小农模式，难以形成规模经营。农户分散经营在农资购买、市场议价能力、市场信息获取、技术保障、抗风险等方面都处于明显劣势。农产品生产周期较短，当市场形势看好，种植效益较高时，就会蜂拥而上；而形势严峻、效益下滑时，农户又会一哄而散，造成农产品存量急剧下降。在这个周期性的市场波动中农户只能承受损失。这就是"谷贱伤农"的规律。解决这个问题，只有通过合作化，支持农民开展自愿合作"抱团取暖"。过去的集体化过于急躁，搞平均主义大锅饭吃了亏，如今在保持土地政策不变的基础上，在保障农民自主经营权的基础上，开展自由的组合式合作，发挥集约的优势，发展集体经济是可行的。

另外，发展集体经济对培育村民的道德素养有好处，可以通过经济基础这个抓手，把农民组织起来，塑造文明的乡风。能改观眼下任由小农自生自灭、自我调节，导致自私自利、人心畸变的状态。

第三，城市化是解决农村问题的重要途径，但不是唯一途径。城市化打乱了乡土固有的社会生产布局，也打乱了乡土固有的文化道德秩序。城市化又没有足够的优势和能力全盘吸纳、转移和化解乡土的问题，导致乡土的问题随着流动人口发散到了城市之中。城乡互动促进了互相融合，促进了经济交往，同时也产生了互相牵扯的经济、社会、文化、道德问题。

中国的村庄数量多，体量大，不可能全部进入城市。在安排好已进城农民生存发展的同时，更应加强农村建设，提升农村的基础设施条件。为农村"补钙"是未来最迫切的重任。应让农民就地"补钙"，就地向现代化靠近。

近些年，由于媒体的推波助澜，城市化占据了人们的阅读视野，很多人认为城市化是解决农民问题的根本出路。由于人们过于重视城市，重视城市经济，看好城市的物质利益，城市化掩盖了乡土问题。认为所有农民都在朝向城市，只要解决了进城农民问题，消灭了农民，就实现了城市化，就解决了中国的乡土问题，让舍弃乡土成了应该，这实在是一个很大的误区。

我们应该清醒地知道，城市化是趋势，但同时又是一个非常艰巨的任务。上世纪搞三峡工程，10多年移民100多万，动用了举国体制，难度非常大。试想，怎么可以把数亿农民用城市化的办法解决呢？那是不可能的。

改革开放30多年，城市化加剧，城市扩大发展，让很多城中村变成了市区，让很多城中村农民变成了市民。但是，融入城市的城中村农民并不能获得较好的养老保障。以甘肃为例，截止2013年底，全省被征地农民40.82万人，而参加养老保险缴费的人只有区区14.23万人。这意味着，剩余的"被城市化农民"只能是一无所有的"空头市民"。我们应该清醒地知道，因城市建设被征地的农民本身离城较近，由于他们的土地区位优势明显，被征用后一般都有较高的收益，就是这样离城近、收入高的农民都难以成为真正有保障的市民。那些偏远山区进城打工的农民落户城市，获得城市保障可想而知有多难。

我们不妨打开一幅卫星地图，在中国960多万平方公里的国土上，有270万个崖边蜷曲在山洼里，河流边，不论是让它们城市化，还是建设它们，都不是简单的事情。

所以，不论怎么城市化，中国的乡土大地必然是要有农民的，中国必然要有人种粮食养活中国人。所谓解决新乡土中国问题，既包含进城农民的后顾之忧，也包含留守乡土农民的发展之虑。

乡土既然不能抛弃，就要守卫。要守住乡土、加强乡建，支持农民就地实现现代化。守住乡土不是拒绝城市化，而是提倡城市化应该稳妥地、扎扎实实地、以切实安排已进入农民为要推动。而不是急功近利、贪大求全、好大喜功盲目推动。过去的几十年，中国的城市化已经是"大跃进"的速度了，再快后患无穷。

守住乡土最起码有三个理由。首先，乡土不能丢，因为即便在本世纪中叶，中国还有接近5亿人要生活在农村。从农民生存角度出发，守住乡土。其次，从保留中华文化的角度出发，要守住乡土。中国台湾史学大家许倬云对照中西文明，得出中华文明5000年经久不衰的原因，在于农业文明。农业文明是中国文化的根基，是民族的魂魄。陈锡文为刘奇的《中国三农"危"与"机"》一书作序写道：农业文明是与工业文明、城市文明并行不悖的一种文明形态，它们之间并不是非此即彼、你死我活的关系。没有农业文明，一切文明都将是空中楼阁。再次，从吃饭的角度出发，也要守住乡土。世上什么样的人都有，但没有一个不吃饭的人（刘奇语）。

中央提出"四化同步"发展，没有农业的现代化，四化难以同步。留守乡土的问题，只有加强乡建来解决。广袤的乡土大地需要基础设施的巨大投入。我们应该欣喜地梳理最近10年的历史，涉及医疗、教育、农业生产等方面的一系列惠农措施相继推出，给农村确实带来了变化，让农民感受到了前所未有的公共财政的"阳光"。尽管解决乡土问题困难重重，但从起初农民进城被驱逐到现在设法保护其利益、从农村税赋深重到现在免税并发放一系列补贴，我们看到的是变革带来的进步。

本书倡导的守住乡土，不是让农民固守一亩三分地、固守穷山恶水。更不是反对城市化，反对现代化。本书倡导的守住乡土，是在稳妥推动城市化，较好安排进城农民生存发展问题的基础上，倡导农民量力而行，自我精准定位，在不离乡土的情况下，就地迈向现代化。

据估算，即便中国城市化率达到发达国家的水平——70%，中国依然有 5 亿人是农民。农民永远无法消失。我倡导的守住乡土是要让农民由身份变为职业。乡土文化是中国的母体文化，不能丢；乡土文化培育起来的农民的纯朴与善良、勤劳和勇敢，不能丢；农民自古以来的创造性、能动性，自力更生、团结互助的精神不能丢。

守住乡土，是要提升农村的生产生活环境，提升农村的公共服务能力，让农民向现代化靠近。只要大办集体经济、合作经济，发展村社工业，就地就近给农村"补钙"，就地就近让农民实现现代化，远比让农民在追赶城市现代化的迁徙中流血流泪要强得多。小农经济不会有大的发展，这是实践已经证明了的；农地私有化更不会解决所有农民的实际问题，这也是"千年田换八百主""富者田连阡陌，穷者无立锥之地"的历史结论证明过的。只有走以集约化、合作化经营为基础的"共同富裕"道路，才是普惠全部农人、解决大多数人困境的正确道路。

第一，要提高思想意识。首先官员要提升建设乡土的思想意识。在改革开放年代，地方官员建设城市的动力远远大过建设乡村。特别是"狗的屁"（GDP）成为政绩评价体系之后，官员的心思基本都放在折腾城市建设上。有人批评"狗的屁"打过一个比方，说挖一口井是创造"狗的屁"，把井填埋也是创造"狗的屁"，然后再开挖照旧在创造"狗的屁"。"狗的屁"翻来覆去折腾，实际并没有发展成效。为了"狗的屁"，我所在的西部小城马路天天挖、路灯天天换、设计天天动、规划年年变，换一个领导，城市建设也跟着换一个风格，浪费的资金要用于农村，必会取得大成效。新世纪以来中央一再用"一号文件"号召全党全国把三农问题当成重中之重，但是落实到基层政府，一切照旧。农村量大面宽、基础差、欠账大，基层官员花费精力在农村，也不易搞出政绩，不易形成升迁资本，所以建城的欲望大过乡建的动力。再则，农村贫穷，农民土气，政府官员们大都不愿多去下乡，即便去了也是走马观花，蜻蜓点水。

其次，社会舆论要提高重农思想。社会舆论对乡土的鄙视比任何怠慢乡土的势力都可怕。目前中国社会舆论对农的歧视，更深刻的根源在于已经形成了深刻的二元文化，城乡不仅有差距，更有文化上的鸿沟。城乡差距古今中外都有，城市发达农村贫穷，市民先进农民落后。市民对农民的歧视也是由来已久，"刘姥姥进大观园"的故事每个时代都有。马克思说过："某一民族内部的分工，首先引起工商业劳动和农业劳动的分离，从而也引起城乡的分离和城乡利益的对立。"[2]一个国家，只要有城市和乡村，就会有城乡差距。但是今天中国城乡差距由于行政主导的二元结构而太过严重，更加深化了二元文化。

改观人们对于农村不应有的歧视，必得从意识形态抓起。意识形态是一个微妙的问题，所谓"谬误千遍也成真理"即在于此。意识形态放任自流，必然形成混乱局面。但意识形态只要抓就很灵。今天中国人重城轻农的思想，来自物欲消费主导的意识形态。比如，一起矿难死亡上百人，城里的青年不为所动，但网上看到什么地方有人虐待了一只狗，他会大加谴责，还会美其名曰自己有爱心，现在的舆论场里，农村人似乎不如狗。有统计显示，全国有期刊9000余种，三农期刊仅180多种；有报社2000余家，以农民为主要读者对象的报纸仅几十家；全国已注册的各类电视台有上千家，开办三农栏目的却少得可怜。迷恋物欲消费的意识形态必须扭转；城市本该富有、农民本该贫穷的观念必须改变。

目前乡镇干部、教师、医生、农技人员，普遍都不愿意呆在农村，他们都在跃跃欲试调进城里。实在没人脉、没关系、没钱财的人，也都在积蓄这些力量，暂时"潜伏"乡村，等待时机一举进城。社会轻视农村的舆论环境不改观、农村的贫穷落后状况不改观，我们没有理由要求涉农人员扎根农村。俗话说，水往低处流，人往高处走，向上的社会流动，是所有人追求的基本价值。再则，物欲消费意识形态主导的社会舆论环境也在极力鼓动所有人穷奢极欲、纵

---

2. 马克思、恩格斯：《德意志意识形态》，《马克思恩格斯选集》第一卷第25页，人民出版社，1972年。

情享乐。淡泊名利、痴心为人的精神追求在任何时代和任何社会里，都是闪耀光辉的价值。现在国家提出弘扬24字社会主义核心价值观，应以此为契机，加大对城乡平等、市民农民平等、劳动光荣的大力宣传，改观最近 20 多年来对资本和物欲顶礼膜拜的境况。

再次，农民要提振兴农意识。农民要从思想根源上深化维护权益的意识，认清建设农村的重要意义，丢掉农民没希望的观念。要量力而行定位自己的角色，不能盲目朝向城市。

第二，要加强乡村基础设施建设。城里人出门就是柏油路、入夜就有路灯、上楼即有自来水……这一切城里人习以为常。如果城里的基础设施稍有不完善，市民都会四处投诉质问。但是，此类基础设施中国的农民普遍都没有。城里的一切基础设施都由公共财政提供，但是农民的基础设施只能靠自己。这种不平等城里人从来不思考，都觉得自己应该享受成果。殊不知，这应该的背后，是农民对城市的补贴。

在乡村建设中，这些年有的地方急功近利、大胆冒进，直接上演了灭村运动。出现了一些"被上楼"的问题，比如缺少产业支撑、务地更远等问题。新村建设要科学规划，严格遵循中央"生产发展、生活宽裕、乡风文明、村容整洁、管理民主"的要求来建设。脱离这个要求的新村建设大都会出现这样那样的问题，与农民实际不相切合。

在甘肃省清水县，当地政府探索出了易地搬迁型、产业支撑型、旧村改造型、劳务带动型、危房改造型五种新模式，推动美丽乡村建设。通过多方整合项目，累计投入资金 10.8 亿元用于新村建设和农村环境整治，到 2014 年年底，全县农村居民住宅砖房率可达到 65%，受益人口达 17.3 万人。[3] 其做法就比较好。

第三，加快农业现代化。中央提出要促进工业化、信息化、城市化、农业现代化四化同步发展。目前，农业现代化是四化中最短的短腿，中国要想不瘸着腿走路，必须要补齐这个短腿。这就需要政府加大投入，完善农业基础设施，比如扩大山水林田路的综合治理，加强教育、医疗、文化等方面的投入；鼓励支持农民成立集体经济组织和合作组织，在保证带动所有农户共同富裕的前提下，又积极发挥市场繁荣经济的巨大作用，推动农业产业结构的调整，延长农产品的产业链条，发展高科技的新兴产业，向第二三产业过渡迈进。这样可以提高农村的造血功能，依靠现代农业带动农民增收，实现农民就地现代化。

第四，要逐步消除工农产品价格的"剪刀差"。所谓城乡差距的核心原因在于工农产品价格的"剪刀差"。工农业产品价格的"剪刀差"确实是一个非常不公平的制度，这与追求平等的政治诉求格格不入。有人举例，开发商的楼房可以随意定价，这些年连续飞涨。试问农民的粮食可否由农民涨涨价？不能，一旦粮食涨价社会就会出乱子。请求一夜之间放开粮价，那是不切实际的，但粮食价格的增长应当稳步推动。目前采取种粮直补的办法，补贴农民，只是杯水车薪，不能从根本上减小差距。刘奇有个建议，应取消种粮补贴

3.《甘肃省天水市清水县美丽乡村建设探五种新模式 逾 17 万人受益》，中国农业信息网，http://www.agri.gov.cn/v20/zx/qgxxlb_1/gs/201405/t20140514_3903062.html。

600亿，而拿出这600亿补贴城里的困难人群，推动粮价适度上涨。要尊重劳动的公平性，尊重价值的市场性。要推动城乡一体化，工农业产品价格必须首先一体化。

第五，尽快废除户籍限制。中国人在自己的土地上本应有迁徙自由，但是一纸户籍制度，彻底切断了农民的自由迁徙之路，拉开了城乡壁垒。计划经济时代，城乡户籍是为了限制商品粮供应范围。今天，户籍的这一功能早已失效。但是，现在城乡户籍之间还是有很大的差距，比如，城市户籍可以在购买经济适用房、购买汽车、享受社保、享受医保等方面得到实惠，而农村户口则没有这样的优势。放开户籍的难处其实也在于户籍背后的福利上。据统计，过去城市户籍比农村户籍多了57项福利。

杜润生建言："宪法要加上一条：中国的公民有迁徙自由，城市不论大小都要向农民开放，让他们可以在城市安家落户。"这个建议显然过于极端，因为北京等大城市爆炸性扩张，已形成了城市危机，不能再继续爆炸性扩大。但杜老为农民鼓与呼的心情是非常温暖人心的。目前，户籍改革也已提上日程，分步实施、稳妥推动的户籍改革是实施城乡一体化、实施城镇化的必然。

第六，守卫乡土文化。农业文明是中国的文化之根，是民族之魂。任凭村庄沦陷，毁坏的是我们的文化之根。中国不能拥抱工业文明和城市文明的同时，毁了自己的根基。乡土中国有一整套社会结构和治理秩序，是保障乡土社会和谐、文明的基础。比如以熟人社会为标志的互惠机制，体现了古老的道德和温情，体现了人与人互相帮助、互相关爱的社会氛围。古老的互惠机制是共同体的作用，更富人情味。而市场化解决过去互惠机制能够解决的问题，显得生硬冷漠。

城市生活是陌生人社会，靠契约维系秩序。中国乡土社会是熟人社会，靠诚信、道德约束秩序。尽管，今天的新乡土中国已变成了半熟人社会，道德约束机制也有所滑坡，但还有根脉存在，如果再不挽救，乡土中国的文化将真的要随着村庄一道死亡。

第七，推动基层民主政治建设。要发扬民主，让农民提高参与政治，参与村庄管理的热情，建立起民主的基层政治。要在农村广泛开展科学文化、科学技术培训，提高农民素质，让农民多欢迎"德先生"和"赛先生"，别整天琢磨"土地爷"。给农民自由权利之前，必须要搞清楚农民"愚贫弱私"的基础病症。不可否认，改革开放以来农村政治削弱，助长了农民的自私、狭隘情绪，比如占用公共道路、引水至别人庄院等不顾及公共利益、不顾及别人产权的行为和作法时有发生。缺乏知识，不懂法律，横行霸道的人几乎无法无天。在替农民呼吁利益的同时，必须清醒地反思农民身上存在的各种缺点。这些缺点的校正必须是通过乡村教育才能改变的。

目前边远山村村级干部待遇普遍偏低，导致他们为农民服务的信心不足。要切实提高村干部待遇，别让村干部给大伙跑腿，一年下来所领报酬却不如什么都不干的"低保户"。要增强乡镇一级干部服务农村、服务农民的意识，改观干部们厌农、烦农、高农一等的状态。

留在崖边的人最最关注的依然是自己的土地。留在崖边的人抬头望天，期盼风调雨顺。留在崖边的人低头看地，希望五谷丰登。

中国的"崖边"人都敬仰大地！如此热爱土地的人们都有物质发达、精神文明的强烈愿望，但是他们都知道，所有的"崖边"人都进城是不可能的神话，城镇化的号角吹得再响，也不能将全中国的农民都市民化，中国要为广大的"崖边"人留下"最后"的"避风港"。

—

何处还乡

CHINA
IN
YABIAN

故乡的落脚点是家园。

对于离家很久的人而言，家就是生活过的老屋子，就是父母。

落脚城市以后，回家的次数越来越少。有一年，我和二哥同时回到家里过年，我们父子四人站在院门口聊天。不多一阵，父亲突然依着树干蹲坐了下去。我意识到，长时间站立对他而言有点吃力。父亲郑重地对我们兄弟三人说："我死后，这个院子和房子20年内不准出卖。"

父亲说这句话之前，我们谁也没有考虑过父母的死亡问题，更没有思考过老院子的处理问题。

父亲靠着老树，蹲在地上说完这句话，我意识到，他真的老了。

我记忆中，父亲是那个肩膀宽阔，用自行车载着我去上集镇的人；是那个下雪的冬天，能帮我将自行车一口气推上岳家山的人；是那个干农活力大无比从不叫累的人；是那个我们兄弟姐妹稍有差池就会发怒的人；是那个凡事不认输的人。

记忆中的父亲不见了，从那一刻开始，我必须要面对另一个父亲了。

父亲所说的老院子，和所有陇中农民的屋舍一样，其实一点不值钱。

在陇中，农民修房都是先用黄土夯筑正方形高墙形成院子，这种院子像一个堡子，面积大多在300平米。修建院墙时先由一端开始夯筑，转一圈和另一端合拢时还要搞隆重的仪式，然后选择吉日再由"阴阳"用罗盘确定开门的方位，将墙体挖洞成门。这种庄院的墙叫做庄墙，一般有5米高。庄院修好后，再依次按照东南西北方向修建厅房、南房、西房、北房，最后构成一座整齐的四合院。资金紧张的人都是先修一个偏房，或者最小的房子，厅房留在富裕之后修建。崖边人的房屋都是土木结构。直到2013年，崖边依然没有砖木结构或者混凝土结构的房屋，足见贫瘠程度之深。

我父亲的老院子是先盖房子后修院墙，属于典型的规划缺失。父亲修建自己的家园时，爷爷已经死了很多年。没有父兄帮忙，他当时没有能力夯筑庄院。多子、贫困，使他的一生难有大的发展进步。他的庄院比别人家的大，但院墙没有别人家的高，形制也没有别人家的有规则。直到1998年，父亲还在加高自己的院墙，我在假期还是他的助手。父亲的老院子大大小小的房子很多，但最值钱的还是祖上分得的椽檩修盖的厅房和北房，其余的房间都是父亲亲手栽植的白杨树砍后加盖的。他1980年代修盖的厅房在1997年又进行了翻修，门窗全换成了大开间，比之前有了较大提升。

我的父母共有4个子女，其中3个儿子，1个女儿。我们兄弟

3人年龄差距较大，老大阎海平长老二阎海鹏8岁，老二阎海鹏大我8岁。父亲最大的任务是抚育子女长大，父亲最大的功劳也是让我们长大成人。由于年龄差距大，我们兄弟3人的成长变化、人生变故都是在漫长的进程中展开的。父亲见证的子女成长故事缓慢而迟滞。

1993年，我还在上小学。我母亲和大嫂吵了一次架，婆媳矛盾演变成正面冲突，一大家子人再难以在一口锅里吃饭，分家成了唯一的选择。

我依稀记得，分家当天，大哥坐在一把椅子上，低着头，眼里噙着泪水，一言不发。父亲宣布了对物产、粮食、土地、家具的分配计划。大哥被分到了庄院外面的两间门房里，按照计划，一切田产物件都是按三等份分配的。大哥理应分到家里最值钱的两间房子的三分之一椽檩。但这两间父亲从祖上分来的房子并没有拆分，条件是大哥给自己盖房子时父亲必须予以帮助。这样保证了父亲老房子的完整。

其时，二哥正在上高中，我在上小学，父亲身上的担子还不轻。在分家的过程中，父亲为我和二哥预留了两份家产。

大哥历经多年积攒，修建了自己的庄院和房子，远比父亲的要阔气。

大哥分家的一幕在我的记忆中，至今显得残酷无情。但这一幕也是父亲所经历过的，更是过去所有崖边男人都要经历的。父亲未成年时丧父，他作为最小的儿子，承担了赡养老母的义务，他分得了祖上留下的一间南房的松木椽檩，才修建了自己的房子。按照崖边以往的经验和做法，有着三个儿子的父亲还要将穷家连续拆分，但我的父亲将他的财产切分为三份，将其中的一份分给老大后，这种分家由于二哥和我相继进城而停止了。

大哥阎海平有自己的房院，我和二哥阎海鹏都进城了。父亲清楚无人再坚守他的两间土房一个土院，但他不愿意自己亲手缔造的家园在自己死后很快消失。

"我死后，这个院子和房子20年内不准出卖。"

这是一个留守老人最重大的心愿。

父亲一生贫穷、节俭，办任何事都以崇尚节约为第一原则，修房子也不例外。父亲修筑的屋舍，养育了我们几个子女。尽管不值钱，父亲对他的房屋还是充满了感情。他的家园感神圣而庄重，他希望自己辛勤建设的家园能够保持原样至少20年。

父亲不能阻挠子孙在城市化浪潮下融入城市生活，但他骨子里对故乡充满着热爱。他渴望自己的子女即使在城市里发达了，也不要忘记自己的故乡在崖边。他说那里有你们成长的老屋和记忆，还有祖先的遗骨。

父亲希望我们不要忘记根脉。这样的教训或许是人类迁徙活动中亘古不变的温情。

父亲也曾有走出崖边的机会，但他注定是一个保守的人，只能在崖边固守一生。1950年代，在城里工作的大伯给父亲介绍了一份铁路系统的工作，但父亲干了几天就回到了崖边，从此再也没有离开崖边。

父亲守护着崖边属于他耕种的土地，守护着崖边属于他的黄泥小屋，也守护着他的喜怒哀乐和悲情人生。他和厉敬明一样，活着，崖边是他的生命家园，死了，崖边是他的灵魂家园。

但他的子孙后代正在开启完全不一样的未来。

2010年春夏之交，几辆小汽车来到了崖边。

这时候崖边出现汽车，早已不是什么新鲜事。但十年前，崖边出现一辆拖拉机，都会招来热烈的围观。我小时候就和伙伴天天盼望有拖拉机能来到崖边，我们可以在拖拉机爬坡的时候，将自己吊挂在车厢后面，感受乘车的乐趣。尽管这种做法极其危险，但车主通常都会通融一把，让孩子们的童心得到释放。

小汽车来到了阎荣光家，来者是我的大伯阎林。

1949年入伍后，阎林一直生活在城市。记忆中，阎林还乡的次数不多，从我记事到我1999年离开崖边，他回到崖边的次数共有3次。他每次来，我都会远远地看着，刚见面，我要鼓足勇气怯怯地叫一声大伯。阎林听到我的问候，会回复我一声"嗯"，并附赠几颗糖果。获得糖果的我然后就远远地站着、看着。阎林还乡的年月，我族中人丁兴旺，孩子多。我清楚，我在大伯心中的地位是模糊的，概念化的。他顶多只会记住我是他六弟阎明的第三个儿子。

有一年夏天，大伯和大妈回到崖边时，还带着唯一的儿子和唯一的孙子。按辈分，大伯的孙子应该叫我叔叔，但他和我年龄差不多，我也就没了长辈的威严。那是他第一次来崖边，好像也是截止目前的唯一一次。他来的时候，大妈怕自己的孙子喝不惯崖边的窖水，特意带着健力宝饮料，他喝过的健力宝空罐子，在他走后还一度是我不忍舍弃的玩具。那个年月，我对来自城市的商品充满圣洁般的膜拜。而我大伯的孙子却对农村的一切充满无限的好奇，他玩得异常开心。

加拿大学者道格·桑得斯《落脚城市》一书提到，不论是东南亚还是非洲或者欧洲，世界各地的农民都在过去的好几个世纪中向城市迈进。阎林借助当兵离开崖边比打工要舒坦得多，他的向上流动进入体制内，待遇非常优越，有体制的坚强护佑，他是幸运的。他彻底拉开了和自己弟弟们的人生差距。他们的差距也是中国城乡差距的真实反映。

2001年，我在天水拜见阎林时，他住在单位家属区的一个平房里。印象中，那个平房还带有一个小院，环境优雅、清净，两大间房屋外带一个小厨房。在我眼中，那个平房相当优美，水电暖齐全，与崖边的一切房屋相比较，那平房绝对是天堂级别的，而崖边的黄泥小屋都是地狱级别的。在2002年，我第二次拜见阎林时，他已搬到了女儿的楼房内居住。整个2001年、2002年，直至后来的很长一段时间，我都是租住在天水市狭隘逼仄的民房内，或者挤在单位的宿舍里，对于阎林老夫妻的住宿条件非常羡慕。2004年，阎林的单位又为职工在平房旧址修建了家属楼，阎林老夫妻获得了一套100平方米的房子。不论是居住自己的房间，还是居住子女的房间，他们养老的居住问题完全能够得到满足。

进入2000年以后，城市居民的生活水平大幅提升，每一个城市家庭的生活都有了较为强劲的消费能力。像阎林这样的离休干部，待遇也是一年比一年好。阎林老两口真正到了安享晚年的阶段。

天不遂人愿，2005 年，阎林的老伴在糖尿病和胃病的双重折磨下，离开了人世。阎林从此成了一个孤独的老人。

　　老伴走后，阎林起初一个人住。阎林早年参军入伍，养成了生活规律、作息时间严谨的好习惯。每日三餐开饭时间准时准点。他自己煮稀饭、煮面条，粗茶淡饭过得有滋有味。后来子女不放心，他被接到了大女儿家中。他每天除了吃饭，就是转悠到大街上晒太阳。他一个人孤零零地坐着，瞅着大街上来来往往的行人和车流。离他不远，有老人正围坐在一起下棋、聊天。即便回到家里，阎林也是一个人待在自己的房间，不愿意和子女交流。有亲戚前去看望，简单交流后，他也会很快下达逐客令。

　　孤独围着他衰老的躯体，他也自主地沉浸在孤独的氛围里。

　　阎林来到崖边后，寄住在侄孙阎荣光家中。阎荣光是石湾乡供电所的电工，举家搬迁至集镇，不大回家。阎荣光的屋内陈设整齐，打扫得干净，他住得很满意。阎林自幼喜欢干净。在离开崖边当兵之前，阎林曾将瓦罐底部钻了小孔装入温水挂于房檐，自己站在底下洗澡。缺水贫穷的崖边人认定阎林有进城的命。

　　阎林住进阎荣光家里后，开启了彻底的独立生活。他整天将自己幽闭在阎荣光的院落里，他自己做饭，不与任何人交流、不与任何人接触，也不在崖边的大地上走动。据说他早年探亲回到崖边时，会四处走动，有时候会背上猎枪打猎，有时候会到河坝里洗衣服。他把在城市浸透他生命的孤独带到了崖边，没有人知道他体悟到了什么。

　　阎荣光说，阎林经常在深夜里静静地坐着，开着灯，一个人说话。说自己的老伴，说自己的心事，别人不大听得清楚。

深夜，陇中旱塬万籁俱寂。崖边在岳家山下静静地入睡。偶尔，有一阵细碎的风吹过，只有树叶沙沙作响。阎林点亮的灯，寂寥孤独。

时间倒退到 1930 年，崖边没有电灯，住户稀少，阎林出生。1949 年，19 岁的他瞒着父母，自己去当兵。2010 年后，他挣脱子女的牵挂，毅然回到了故里，一个人投入到崖边的时空里。回忆一旦开启，将无边无际。

2012 年，我回到崖边前去看望阎林。他一个人刚吃完晚饭，正在看电视。他每天都会看新闻，6 点 40 分看《甘肃新闻》，7 点看《新闻联播》，完了再看央视国际频道。他和我仔细地聊天，没有赶我走的意思，这让我颇感意外，我坐了足足 40 多分钟。他坐在一张旧椅子上，费劲地试图打开一罐带鱼。

"我帮你打开？"

"不用。"

他拿着尖嘴钳子的手不够利索，不够有力度，老半天才打开，打开后合起来放在了柜子里，这是他第二天的午餐。

聊得起劲的时候，他从椅子上站起来，双腿弯曲，腰背佝偻。

"我爱老家，我现在身体好，心情好，看我腿都不疼了。"

他双手在膝盖上抚摸了一下，然后颤巍巍坐了下去。他的左腿膝盖骨在 1950 年代甘南平叛时受伤，留有后遗症。

"崖边环境好，空气好，安静。明年我还要来。"

除了干燥和风大，崖边的确没有污染。没有尾气、没有噪音。其实，这不是他回到崖边的全部理由，崖边吸引他的还有乡情。一个老人放弃城市优裕的生活条件，一个人返回崖边，反映了他内心潜藏的对故乡的依恋。

2010 年后，阎林每年都回到崖边。春夏之交来，入冬时节走。他在天水和崖边之间迁居。崖边的年轻人为了进入城市像候鸟一样迁徙，而从崖边走出去在城市里落脚的阎林为了找寻乡情也像候鸟一样迁徙。

据子女讲，阎林还提出他死后要葬在崖边。他想叶落归根，魂归故里。

一个人活在世上，飘摇一生，为了找寻生活的幸福而奔波，终了，难免回望乡关。乡情、乡恋、乡愁，正是乡土中国的精神所在。

阎林晚年持续在春夏季节回崖边居住，为自己开辟了"第二住所"。这的确是乡土沦陷进程中温暖的亮色，他用自己的方式唤醒了更多人对故乡情感的共鸣。

我大伯的子女、我的姑姑都产生了在崖边建立"第二住所"，安度晚年的想法。我的姑父戏谑我的大哥："海平，你是村长，你给我搞一片地，我修个房子来崖边住。"我大哥愕然回敬："崖边的地是崖边人的，我管不了。你想住来我家住就行了。"

私下里，阎海平给我抱怨："这些人都疯了，城里的洋楼住腻了，到这穷山沟沟开什么玩笑。"

离开者不懂坚守者的苦，坚守者不懂离开者的愁。这是有关城市化的悖论。

2014 年腊月。

不大不小的雪已经下了整整一天，还丝毫没有停下来的意思。崖边所有的黄泥小屋都被大雪覆盖了。

茫茫雪雾笼罩山村，视线被拘禁，只有屋舍、村道、枯树、炊烟清晰可见。

久居城里，回乡总选择在天气晴朗之日。很多年没有遇到过故乡下雪。下雪的天气，时光实在是显得无聊。纷落的雪花阻断了做事的信心，懒散会从内心扩展到周身。

我在村里转了一大圈子，寂静无声。我小的时候，下雪天会有很多小孩子在村头巷口玩闹。但20年后，村里静得出奇。青壮年外出，小孩子能带走的多数也被带走了。留下的多是老人，大家待在自己的家里，有电视机看。村外逗留的人很少很少。我无法找到童年的踪影。我童年的村庄没有电、没有电视机，下雪天不玩雪，除非身体出了毛病。

再有一周就是2015年春节。同龄人中，很多人都还没有回家，我不知道该去谁家串门。

自从和厉敬明对话之后，我对故乡的认识产生了微妙的变化。我想尽可能多地回到崖边，尽可能多地接触崖边的人，尽可能多地了解他们的喜怒哀乐。

"做人不能趾高气扬，比自己辈分大的人，一定要主动问好，要显得谦逊有度。"这是父亲从小对我所作的教导。

那些叔叔、婶婶辈的人，每次碰见，我主动问好总能得到友善的回应。但是，曾经的玩伴、学友，多年不联系之后，即便我再怎么示好，似乎也得不到热情的回馈。从他们的眼神、从他们的话语中，我能感觉出生疏。在他们心中，上过学的人和自己不在一个层次，他们对相遇很漠然。即使我努力走近他们，他们也是不冷不热。

人和人的交往中，默契和友善是基础。友善不一定要说出来，但冷漠和无所谓总能在接触的瞬间释放出来。隔阂来自互相的疏离，大家奋斗在各自的人生道路上，有了各自不同的价值追求，曾经的无忧和坦诚不见了。

一切都变了，彻底变了。人和人的交往变得多余了起来。

我不由地感觉到，我成了崖边的陌生人。我从崖边迁走的不止是户口，还有村庄生活练就的人情。

看着雪花覆盖的村道空无人迹，我突然想起2014年秋天的时候，我回到崖边曾碰到过宋辉的母亲。听说她得了肺癌，但她其时还能在村道散步。她知道我和宋辉是一起长大的玩伴，她邀请我去她家玩。帮助父母打理完农活，急于赶往城里上班，我没再去她家。踏着漫漫风雪，我想去和十多年没见过面的宋辉聊聊。另外顺便看看生病的老太太。

宋辉的父亲宋福禄正在打扫院中的落雪。他说这已经是今天第三次扫雪了。扫过的院落地表斑驳、杂草突兀，宣告着这个院落的人迹稀少。

向阳的北房里，宋辉的儿子和姑姑正围着火炉嬉戏打闹。宋辉的母亲斜倚在土炕上被褥围成的"战壕"里。她表情木讷、目光呆滞，满头花白的头发蓬松散乱，她对眼前的一切无动于衷。病魔的疼痛驱走了她内心感受天伦之乐的因子。她被诊断为肺癌已有半年多时间。秋天的时候她还可以下地散步，现在她已无法自行走出房间。

坐东朝西的正房里，占据房间总面积三分之二，大约八平方米的地上，一口巨大的棺材被高高架起于板凳之上，几乎占据了所有空间。画师蹲在棺材下方，正专心向棺材侧翼涂抹红色的油彩，宋辉在一旁用心伺候。占据房间三分之一面积的土炕上，宋辉的两位邻居正在划拳喝酒。土炕边沿的煤炉上，煮着红艳如猪血的罐罐茶。

正屋的墙壁被烟熏得漆黑，只有中堂字画透着耀眼的白，显然是新挂上去的。贾平凹在《通渭人家》一文中说，家中无字画，不是通渭人。宋辉父子都识字不多，但依然用字画装点厅堂。窗户本来不足一个平方，主人为了御寒已将窗户用严实的废布料封死，任由四十五瓦的白炽灯如何发力，也难改屋内光线昏暗的氛围。画师说话少，和别人的对话总是有一搭没一搭，他显然在思考什么。倒是土炕上喝酒的两位邻居，肆无忌惮、其乐融融。他俩为了谁多喝谁少喝时而争得面红耳赤，时而快意得欢声笑语。他俩的交流搅动着屋内沉闷的空气。

眼看着母亲去日无多，宋辉要加紧筹办后事的进度。棺材做好已有两个多月了，但画棺材一般都要等到腊月里。据说这样吉利，对死人对活人都好。依据阴阳的说法，腊月初八刚过不多久，宋辉就向画师发出了邀请，画师安排好时间，赶在快过年前开工。眼看着母亲的痛苦一天比一天严重，宋辉的恐惧和担忧逐渐转变成了忍耐的毅力。

"将棺材画好，心里就不慌了，不管母亲哪一天离去，入殓的事就不用担心了。"

宋辉母亲说话气力微弱，与秋天相见时的她判若两人。我尽量避免和她交流，面对一个行将离开的人，我不知道说什么好，尽量和她的儿女们聊一些开心的话题。

宋辉四岁半的儿子说着正宗的普通话，与黄土沉沉的崖边格格不入。

"这个村叫什么名字？"

"不知道。"

"这是哪里。"

"这是我爸爸的老家。"

"你喜欢这里吗？"

"喜欢，不，让我想想。有时候不喜欢……"

"过完年别回河北，在这里上学，可以吗？"

"不可以。"

童言无忌，宋辉儿子的眼中，生于河北、长于河北，崖边与自己几乎没啥瓜葛。

宋辉是在母亲连续生了两个女儿后，宋福禄上庙里求神问卦后出生的。宋福禄还希望再生一个儿子，但宋辉迎来的只是一个妹妹。妹妹出生后，中国开始实行严格的计划生育，宋辉父亲想拥有第二个儿子的梦想便被阻断了。

宋辉父亲多子多福的梦想在陇中农民的心中非常普遍。像母亲病入膏肓这样的大事件发生时，兄弟多有明显的优势，但宋辉必须一个人面对。好在类似宋辉家庭结构的人口在计划生育政策下增多，社会观念也发生了巨大的变化。宋辉的姐姐为宋辉承担了很大的责任和义务，减轻了他的心理压力。过去的早前时期，嫁出去的女儿是泼出去的水，不可能承担赡养父母的任务。但宋辉的姐姐完全改写了旧逻辑。

宋辉的二姐 1998 年出嫁后，和丈夫远去河北打工，后来尝试做生意成功了，日子一天比一天过得好，定居在了河北。宋辉也是被二姐带到河北打工。再过了几年，宋辉的母亲也被接到了河北养老。宋辉一家人十来年的发展，在村里人看来，绝对是美好的例子。但天有不测风云，2014 年，宋辉的母亲被检查出肺癌晚期，不得不回到生活了半辈子的村庄。她要证明叶落归根的意义，她不愿意也不可能死后葬于河北。

宋辉终止了打工，他回到了阔别十多年的故乡，全身心投入到陪护母亲的任务中。"我现在来到崖边，是要为我的母亲准备后事，她去世后，我必须要把她埋在崖边。我的父亲下一步去世了，我还要将他埋在崖边。但我以后会怎样，真不敢考虑，我的儿子是不会来到崖边的。我死了以后估计不可能葬到崖边来。"

宋福禄一个人过日子，冷清近十年的院落，又恢复了人气。但根据医生判断，宋辉的母亲熬不过农历二月。这个院落有老有小的日子，也将会很快结束。

"我妈去世了，家里就你一个人了，我明年把你带到河北去养老？"

"不去，老了要死，死了要埋。跑到那地方干嘛去？我就在崖边过日子，等死。"宋福禄反对儿子提议的态度很坚决。

"但你一个人，我们在外面也不放心。万一有个啥事情，咋办？"

"没啥事情，最大的事情就是我死了，村里人告个信，你赶回来把我埋了就行了。"

宋辉正处在关于自己生命过去、现在和未来三个时态的交汇处，他今天所做的一切，都将具有历史分水岭的意义。而他的抉择也考验着整整一代人。

夜幕已经降临。

雪也慢慢停了下来。

灯影昏黄的窗外，麻雀在枯树上叽叽喳喳，议论着什么。

突然，村外有人大声说话。我借机出门看热闹，离开了宋辉的家。

是佟富回来了。他开着五菱宏光的小面包，载着自己和弟弟两家人。小面包绑着链条，是一路冒着冰雪从银川开来的。

佟富的父亲站在巷道口，不住地挥手阻止儿子冒险将车开进狭窄的巷道。佟富则执意要将车开到自己的院落去。伴着汽车的油门，车灯在黑夜里忽明忽暗。儿孙们从汽车里跑出来，奔向自家的大门，几个孩子天真快乐的脸在光束前闪过，团聚的欢愉温暖了寒冷的雪夜。

此情此景，瞬间让我想起了我父亲和母亲对我的不满："人是根本，你们只生一个女儿，不再要个儿子，以后你老了会后悔的。"

"人是最根本的，你和老二都不听，以后咱家的院子都没人守了。"坚守崖边的大哥阎海平对我和二哥阎海鹏只有一个女儿的境况也是多有指责。

大哥家生了一个儿子一个女儿，我和二哥都只有一个女儿。大哥和父母亲一条心，都认为家里的男孩子太少了。

"我活着，爸爸的院子没人敢动，等我死了，咱们家真的没人守了。"大哥阎海平经常会向我念叨。他的儿子在2014年也已进城了。

我的家族变迁，直接反映了乡村沦陷过程。正是越来越多的人和我一样离开乡村，有了村庄的消亡。越来越多生活在城市的人迫于生活压力选择不生或者少生，正在改写和村庄消亡一样意义非凡的历史。

本想和好几年不见的佟富多聊几句。关于个人，关于乡村，悲伤的情愫油然而生，不住蔓延。我选择了回家。

夜色中，十字路口的高房静静地矗立着。我来到高房前驻足，高房墙皮脱落，土坯外露。望着高房，装在高房里的童年旧事——跑了出来……

在我整个童年、少年的记忆中，城市是充满无穷魅力的。可能是我有亲戚生活在城里的缘故吧，我比同龄伙伴更加对城市充满想象。每次大伯和姑姑坐着小汽车回到崖边探亲，在高房里和厉军红玩耍的我总会在第一时间发现。我会自豪地去迎接崖边很少见到的小车和小车里的亲戚。他们的谈吐、他们的衣着……他们的一切都与崖边人不一样。他们用有别于崖边人的城里人特质对我平静的思维构成搅动。记忆中，我姑姑会将自己儿子穿旧的衣服带给我，这让我的整个童年时代有优于同龄伙伴的服装穿着。

厉军红家的高房里，我们一大群男孩子一起下过象棋，打过扑克，聊过女孩子，憧憬过外面的世界。

后来，我们的目光和眼界慢慢地不再聚焦高房。我们开始抬头眺望村庄最高处的岳家山堡子，那是崖边方圆数村最高的标志。那时候崖边人出行的交通不便，每次崖边外出的人回来大多都要步行从堡子旁边经过，然后越来越近；每次崖边人离开村庄，都是走到堡子跟前然后消失得无影无踪。我对城市的一切想象，就都要穿越堡子，我总是看着堡子，想象着城市的一切。

小时候，挣脱父母的管束，我最远能到达的地方，就是岳家山古堡。爬上堡墙，可以望见岳家山周围的所有村庄，我看到了崖边之外还有村庄。稍稍长大后，我和小伙伴第一次翻过岳家山，在古堡下经过，愉快地去了乡上的集市，实现了人生第一次自我支配的消费。集镇上人很多，商品也很多，看得我眼花缭乱。我们一行人都是步行，整整20公里的路程，走得有点累，但心里很快乐。后来，上了初中，每一周都要从岳家山堡子下面经过。再后来，半夜起床从堡子下面经过去了县城，县城有高楼，百货，更繁华。再后来，我去了更远的地方，便很少再从堡子下面返回。

巨大的城乡差距，让我用整个童年和少年时期仰望星空一样仰望着我城里的亲戚，幻想着城市的表情和性格。但在我的生命中，我没有刻意产生过进入城市的冲动。我的求索是不知不觉间完成的，我经历了复杂的人生境遇后，最终落脚城市。买房、转户籍、安家、娶妻，由农民变为市民，这一年我25岁。

落脚城市以后，回到崖边的次数少了。不能回到故乡，但始终不能忘记故乡。无数次从睡梦中惊醒，是故乡的情景和人事。崖边的沟沟洼洼都能轻而易举出现在梦里，一截土墙、一汪水池、一棵老树、一座黄泥小屋，抑或母亲的热炕头和她的唠叨……这一切，就是实实在在的故乡。

在梦里，我无数次回到故乡，看到的是春暖花开，是人情通达。在现实，每次回到故乡，目力所及总是不忍阅读。

一个人一生最深刻的记忆来自童年，离开童年生长的地方，一辈子最深刻的记忆驻守在故乡。对于有乡村生活经历的人来说，有关童年的回味总是丰富多彩、绚烂多姿。

所有由乡村向城市迁徙并落脚城市的人都会有淡淡的乡愁，都会有幽幽的乡恋。我作为一个进城的农民，也有自己的乡愁。每次面对焦灼的农村，面对大地上劳作的父母亲，我没有因在城市生活而产生丝毫的幸福感。我的乡愁是沉甸甸的生活。我觉得进入城市是一个逐步抹杀温情的方式，但我自己也无法遏止地进入了城市。

出生在崖边的70后和80后人群中，已经有近一半人迁居城市，融入城市，落脚城市。他们或是依靠考学、或是依靠打工、或是依靠从军。除了老人，留守崖边的中坚力量是60后和70后人群。崖边和我年龄差不多的80后人群中，除了厉军红还操持农事种田外，其余都已不大种田。而像我的侄子阎旭东一样的90后青年则普遍从来没有碰过农事，他们的全部热望都在城市里。

我的父亲阎明作为留守老人终生都会固守崖边的土地。

我的大伯阎林作为成功落脚城市的老人在生命的尽头选择了叶落归根。

我的同龄人不论已经落脚城市、还是正在挤进城市，未来会追寻怎样的乡愁呢？这将是整整一代人的迷茫。他们是否也会和我一样，既思念故乡，又被故乡隔阂而感到惆怅呢？